Dos continentes, cuatro generaciones

Hays, Peter
       Dos continentes, cuatro generaciones / Peter Hays y Beti Rozen ;
traductor Patricia Esguerra ; ilustraciones Carlos
Manuel Díaz. ~ Bogotá : Panamericana Editorial, 2009.
       184 p. : il. ;   cm. ~ (Colección juvenil)
       ISBN 978-958-30-3128-1
       1. Novela juvenil estadounidense 2. Familia ~ Novela juvenil 3.
Novela histórica estadounidense I. Rozen, Beti
II. Esguerra, Patricia, tr. III. Díaz, Carlos Manuel, il. IV. Tít.
V. Serie.
I813.5 cd 21 ed.
A1201972

       CEP-Banco de la República-Biblioteca Luis Ángel Arango

Peter Hays y Beti Rozen

Dos continentes, cuatro generaciones

Cien años, dos historias

Ilustraciones
Carlos Manuel Díaz Consuegra

Primera reimpresión, julio de 2013
Primera edición en Panamericana Editorial Ltda.,
abril de 2009
Título original: *Two Continents, Four Generations*
© Peter Hays y Beti Rozen
© Panamericana Editorial Ltda.
Calle 12 No. 34-30, Tel.: (57 1) 3649000
Fax: (57 1) 2373805
www.panamericanaeditorial.com
Bogotá D. C., Colombia

Editor
Panamericana Editorial Ltda.
Edición
Luisa Noguera Arrieta
Ilustraciones
Carlos Manuel Díaz Consuegra
Traducción
María Patricia Esguerra Ruiz
Diagramación y diseño de carátula
Marca Registrada Diseño Gráfico Ltda.

ISBN 978-958-30-3128-1

Impreso por Panamericana Formas e Impresos S. A.
Calle 65 No. 95-28, Tels.: (57 1) 4302110 - 4300355
Fax: (57 1) 2763008
Bogotá D. C., Colombia
Quien solo actúa como impresor.
Impreso en Colombia - *Printed in Colombia*

*Este libro está dedicado a los miembros
de la familia Rozencwajg, especialmente
a Ester, quien hizo el viaje de Polonia a Brasil
y compartió con nosotros sus recuerdos.
Aunque esta es una historia de ficción,
no hubiera sido posible escribirla, sin ellos.*

–B.R.

–P.H.

Nueva Jersey, EE.UU., 2004

Louis no soportaba la historia. "¿Qué importa saber qué hizo un puñado de gente muerta antes de que nacieras? ¿La historia puede ayudarte a ganar dinero cuando seas adulto? Por supuesto que no. La historia es aburrida", pensaba el muchacho de diez años. ¿Por qué los forzaba esta profesora, a él y a sus compañeros de clase del quinto grado, a hacer esa tonta tarea?

Pegante en mano, Louis estaba a punto de terminar la bandera brasileña de papel verde que yacía frente a él en el piso del salón de clases. La había copiado de una enciclopedia. El centro de la bandera llevaba un emblema amarillo en forma de diamante, con un círculo azul con estrellas. Pegó el emblema en el centro del rectángulo de papel verde.

Siempre le gustaron las láminas del espacio, y esta parte de la tarea era divertida. O algo así. Al menos esa tarde él y sus compañeros se habían salvado de la clase de álgebra. Cruzando el círculo estrellado, escribió cuidadosamente *Ordem e progresso*, Orden y progreso, en portugués.

Según recordaba Louis, había visitado Brasil varias veces, especialmente Río de Janeiro. Su madre había crecido allí y luego había migrado a los Estados Unidos. Él hablaba portugués fluidamente, cuando se decidía. El inglés era más fácil.

El padre de Louis creció en California, de modo que el estudiante de quinto hablaba inglés como un nativo. No era el único que dibujaba una bandera de América. Otros estudiantes también estaban haciendo dos banderas: una coreana, otra israelí, otra de Francia. Países como Italia, India, Argentina, Inglaterra, Japón, Honduras y Colombia también tenían allí sus banderas. Cerca de 35 de ellas, hechas de papel, estaban esparcidas sobre el piso de baldosa gris del salón de clases.

La mayoría de los niños en el colegio de Louis eran hijos de inmigrantes; muchos de ellos bilingües. La diversa comunidad de Nueva Jersey, un lugar muy cercano a la ciudad de Nueva York, lo facilitaba. Alguien dijo jocosamente que el colegio era como las Naciones Unidas.

La profesora de Louis admiró sus dos banderas: la brasileña y la estadounidense. Ella no tenía mejillas pecosas ni mofletudas, como Louis, pero su cabello castaño claro y sus ojos azules eran como los de él. Últimamente, su profesora hablaba mucho de sus bisabuelos: Hacía cerca de 100 años que habían migrado de Francia a Estados Unidos. La profesora le gustaba, aunque él no era fanático de la historia.

—¿Tu madre es de Brasil? —preguntó ella amablemente.

—Sí —murmuró, esperando no tener que decir nada más.

—¿Sobre cuál familia vas a escribir tu tarea? ¿La de mamá o la de papá?

—No sé —respondió el niño evasivo.

—Tu mamá vino aquí hace poco, de modo que escribe sobre su familia. ¿De acuerdo?

Louis asintió con la cabeza.

La profesora se dirigió a toda la clase:

—¡Atención todos!, no olviden la entrevista a sus padres sobre sus abuelos. También averigüen, qué saben ellos sobre sus bisabuelos. Y no se olviden de ustedes mismos. Son cuatro generaciones en total.

"Si sólo tuviera que escribir sobre mí" esta tarea sería mucho más fácil, pensó Louis.

—Y recuerden —continuó la profesora—. Este trabajo es mínimo de diez páginas.

Los atónitos compañeros de clases dejaron escapar una protesta ahogada. Los ojos saltones de Louis por poco estallan. Entró en *shock* de inmediato cuando la profesora fijó su atención nuevamente en él.

—¿Qué hizo que tu madre viniera aquí?

Louis encogió los hombros. En realidad, no lo sabía. Su mamá amaba Brasil. A veces, él se preguntaba por qué se habría ido.

11

Nueva Jersey, EE.UU., 2004

L os fríjoles negros y el arroz nunca fueron los favoritos de Louis. Comerlos era una obligación que deseaba dejar pasar. El niño los amontonaba en el plato con una cuchara. La comida de esa noche, en general estaba bien: pescado frito, zanahorias, arroz, fríjoles y brócoli. Detestaba el brócoli. Como una isla, apiló en el plato la pequeña colección de árboles verdes caídos. ¿Cuándo entendería su mamá la indirecta?

Menos mal había servido *pão de queijo*. Mientras masticaba su pan de queso favorito, Louis pensaba en su tarea. Entonces preguntó con una voz sosa y desinteresada:

—Mamá, ¿por qué viniste a Estados Unidos? —para rematar dijo: —Tengo que hacer un informe para la clase.

—¿Sobre la historia de tu familia?

—Sí —soltó Louis en un murmullo.

—¿Tienes que escribir sobre tu historia familiar? Su mamá sonaba más emocionada que él. Hacer la bandera fue divertido, pero escribir el reporte no. Tal vez él imaginó que su profesora lo había mencionado. Todavía tenían cinco semanas, pero ¿diez páginas? ¡Eso era cruel!, ¡la peor tortura posible! Comenzó a enfurruñarse.

—Cómo llegué aquí es un poco complicado —dijo su mamá hablando en portugués.

Como siempre, ella insistía en hacerlo, aunque el niño le respondiera en inglés. Ella solo le hablaba en inglés al padre de Louis, nunca a él. Su acento era brasileño aunque algunos pensaban que ella sonaba como israelí. Y como parecía europea, algunos también pensaban que provenía del sur de Brasil, en lugar de Río de Janeiro.

Tenía la piel más oscura que la de su hijo, por las muchas visitas a la playa, y fue de ella de quien Louis heredó las mejillas mofletudas. Su pelo castaño tenía un tinte rojizo que hacía juego con el pelo de Louis, pero los ojos del niño, tenían la forma de los de su papá.

—Viví una corta temporada en Israel —continuó—. Allí conocí a una mujer rumana que más tarde me presentó a un diplomático norteamericano que venía de Virginia. Él me invitó a visitar los Estados Unidos.

Louis no estaba muy interesado, sin embargo preguntó: —¿Israel?

—Fui allí como integrante de un programa para profesionales de una organización sionista —continuó

su mamá—. Todavía trabajaba como economista. No fue fácil aprender el hebreo.

Louis sabía de la lucha con el hebreo. Su *Bar Mitzvah* sería dentro de tres años.

—También viví en un kibutz.

—¿Un kibutz?

—No son comunes en estos días —dijo sonriendo y mirando fijamente a la pared. Louis se había dado cuenta de que ella hacía eso cuando estaba reviviendo algún recuerdo.

—Mi papá siempre soñó con ir a Israel —continuó ella. Ahora sonaba triste.

—¡Ah! —soltó su mamá—. Un momento.

Giró sobre sus pies y dejó la cocina. Louis esperó. Usó su cuchara como una catapulta para lanzar pequeños pedazos de brócoli de un lado al otro del plato.

Su mamá volvió a los pocos minutos. Sostenía una pequeña hoja de papel blanco.

—Escribí este poema luego de que naciste —dijo—. Se llama *Si el abuelo viviera*. Se caló sus gafas y leyó:

¿Qué diría si me viera?
¿Lloraría?
pienso que sonreiría.
Él me cuidaría
con enorme afecto.
Me contaría historias
sobre Polonia,
sobre su poni.

Desearía poder montar a caballo
con el abuelo.
¿Me caería? No lo creo.
¿Y si me cayera?
Él me levantaría
con enorme afecto.

Él me enseñaría
cómo vender.
¿Qué vender? Todo.
Desde muebles hasta libros.
Aun ideas.

Si el abuelo viviera,
disfrutaría caminar
conmigo por la playa
tomando agua de coco
y presentándome
a todos sus amigos:
—Él es mi nieto, les diría.
Pero el abuelo no está vivo,
todo lo que él ha dejado son
los recuerdos de mamá
y un nombre en una lengua
extranjera que llevo conmigo.

Gracias Abuelo Luiz o Lejzor.
Yo soy Louis Phillipe
y lo llevo con mucho orgullo.

Louis nunca antes había oído este poema. El abuelo Lejzor había muerto antes de que él naciera. En el poema reconoció la playa de Copacabana; una vez construyó un castillo de arena con su amigo, Gabriel. Gabriel no hablaba inglés, de modo que la fluidez del portugués de Louis hizo posible esta amistad.

—¿Por qué el poema habla de Polonia? —preguntó.

—Tu abuelo viajó de Polonia a Brasil —respondió su madre.

—¿Sí?

—Ya te lo había contado —dijo ella con un tono de ligera irritación—. Como la tía Ester y Frajda.

—No, no me habías contado —replicó Louis.

—Claro que sí —dijo ella—. Tienes antepasados polacos.

—Oh, cierto —murmuró el niño lentamente. Tal vez ella se lo había dicho.

—No olvides quién eres ni de dónde vienes —dijo. Tal vez, de algún modo, ella notaba su indiferencia. Louis asintió con la cabeza.

Él pudo haber seguido hablando. Muy fácilmente, podría haber empezado otro tema. Pero no lo hizo. Algo picó su curiosidad. Era algo parecido a cuando sentía el deseo de coleccionar cartas japonesas como *Pokemon* o *Yu-Gi-Oh* o cuando coleccionaba estilógrafos especiales con caras. Se había obsesionado. Seguía pensando en esta historia. Además, tenía un reporte de diez páginas, de modo que hizo otra pregunta.

—¿Por qué se fue de Polonia el abuelo?

Otra pausa. Louis vio cómo su madre fijaba la mirada en el tapete. Pareció por un momento que se perdía en sus pensamientos.

—Un accidente —respondió.

Piaski, 1934

Oye ¡Fuera de aquí! ¿Dónde está tu respeto por los muertos? —la voz ronca de la vecina resonó como un alarido espeluznante.

—Agáchate —susurró Lejzor Rozencwajg a Simón, su mejor amigo—. Es Salchicha Vieja. ¿Cómo nos vio ella?

—Te dije que esto es pecado —susurró Simón.

—No le cuentes a nadie. No te dejarán convertirte en rabino cuando crezcas.

—¡Yo no seré rabino! —respondió Simón. Él hablaba lenta y respetuosamente, como lo haría un rabino. Era el muchacho más adelantado en estudios hebreos. Todo el mundo pensaba que se haría rabino.

Alto, flacucho, de pelo corto, Lejzor había crecido mucho el año anterior. También Simón, cuyo pelo parecía más oscuro que antes; esto hacía que sus ojos

castaños resaltaran. Los dos muchachos de ocho años, pudieron esconderse detrás de dos lápidas medianas.

—¡Si no sales de ahí ya mismo, Lejzor Rozencwajg, voy a decirle a tu padre y a tu madre! —advirtió la severa voz profunda de Salchicha Vieja.

¿Ella lo había reconocido? ¡Eso era!

Los dos chicos se fueron corriendo del pequeño cementerio judío de Piaski. Esquivaron cuidadosamente las lápidas, aun las de los parientes de Lejzor. El año anterior, el momento más interesante del gran funeral de su tía abuela había sido cuando su padre le mostró cuántas tumbas pertenecían a su familia.

A pesar de ser rápido y cuidadoso, como si ambas cosas fueran posibles, Lejzor rasgó la manga izquierda de su camisa, con la puerta de hierro oxidado del cementerio. Sin duda su mamá iba a preguntarle qué había pasado. ¿Le mentiría? Normalmente él decía la verdad, pero...

Lejzor y Simón se lanzaron por detrás del pozo de agua del pueblo. Con su estructura cilíndrica, el techo como la punta de un lápiz por encima de sus cabezas, el pozo era más grande que una lápida, un mejor sitio para esconderse. Además tenía una gran glorieta cuadrada que lo protegía. Ahora, a dos cuadras del cementerio estaban a salvo, lejos del alcance de Salchicha Vieja.

—¡Mi papá! —gritó Lejzor.

Se agacharon detrás del pozo circular, y luego dieron la vuelta alrededor para permanecer fuera de la vista de una camioneta que iba pasando. En Piaski solo había seis y esta era la segunda en tamaño; pertenecía al papá de Lejzor. Tenía cupo para ocho pasajeros; a Lejzor le gustaba pasear en ella. Reconocía el sonido: un "ratle, ratle, ratle" continuo, muy parecido al de la manivela de la máquina de hacer helados.

Hacer helados era un trabajo duro: un poco de leche, un poco de crema; algo de azúcar, sal de roca, y muchas vueltas. Lejzor disfrutaba darle vueltas a la manivela de acero de la máquina de madera, igual que Ester, su hermana de doce años. Frajda, la hermana menor de dos años, casi siempre se cansaba después de dos vueltas. Cuando los brazos de todos quedaban exhaustos, el papá de Lejzor tenía que terminar la tarea solo.

Lejzor lo había dicho varias veces: su papá y su mamá tenían la mejor heladería de Piaski. Los niños adoraban la temporada de mayo a septiembre, cuando había gran cantidad de helados. Algunos los pedían durante diciembre o enero, cuando toda Polonia estaba congelada. Lejzor también amaba los pasteles, el agua mineral con gas, los dulces y las frutas que vendía su mamá en el almacén de la familia.

Saúl Rozencwajg salió de su auto. Era un hombre alto, musculoso, y tenía el pelo castaño. Papá parece cansado, notó su hijo que estaba escondido detrás del pozo.

—Me voy a casa —dijo Lejzor a Simón. Su estómago ya clamaba por un helado después de la cena. Los dos chicos se dijeron adiós con la mano rápidamente, y se alejaron.

La casa era un pequeño lugar blanco, revestido con ladrillos rojos en las esquinas exteriores y alrededor de la puerta principal. Por diversión, Lejzor se coló cuidadosamente por la parte trasera. De esta manera podía entrar por la puerta de la cocina, sin que su papá se diera cuenta.

Lejzor deseaba que su padre pasara más tiempo en casa. Hacía el viaje de Piaski a Lublín, ida y vuelta, ida y vuelta, los doce meses del año. De los 7.000 habitantes de Piaski, cerca de 5.000 eran judíos y muchos de ellos tenían familiares en la gran ciudad de Lublín, donde la comunidad judía era más grande. De modo que transportar pasajeros era un gran negocio, especialmente los viernes antes de Shabbat o los domingos, cuando los religiosos judíos podían subir de nuevo a los automóviles. Lejzor generalmente veía más a su padre los sábados, después de la siesta vespertina. Era difícil conciliar el sueño.

Antes de deslizarse a la cocina, Lejzor se escondió a un lado de la casa. Estaba tentado a tenderle una emboscada a su papá. Pero a dos metros de la puerta, Saúl se detuvo.

—¡Mi regalo! —se dijo Saúl a sí mismo, lo suficientemente alto para que Lejzor lo escuchara.

El padre de Lejzor, con frecuencia, traía a su regreso flores para su madre. Las rosas eran sus favoritas; los perfumes también. En ocasiones Lejzor y sus hermanas también recibían regalos, cuando su padre se detenía en una tienda en la calle Grodzka en Lublín.

Mientras su papá regresaba al auto cruzando la apacible calle del vecindario, Lejzor hizo su movimiento. Corrió a la puerta trasera de la casa. Entonces, se detuvo un momento. Por un instante, se sintió ligeramente mareado; algo no estaba bien. Pero hizo caso omiso y entró a la cocina.

Tania, su mamá, estaba cocinando. Unas papas dulces, las favoritas de su hijo, se asaban en el horno.

Lejzor aspiró profundamente el aire.

—¿Cuándo está lista la comida?

—Cuando termines de arreglar la mesa —respondió su mamá.

El niño se enfurruñó. Eso pasa cuando el pájaro madrugador le hace a su mamá la pregunta incorrecta.

Ella apuntó inmediatamente:

—¿Qué le pasó a la manga de tu camisa?

—¿Ah?

—La manga de tu camisa. ¿Por qué está rota?

Lejzor quedó helado. ¿Cómo explicarlo?

No tuvo que hacerlo. Un fuerte chirrido lo dejó petrificado. El chirrido vibraba dentro de su pecho. Lejzor miró a su mamá. Ella lo miró horrorizada. El chirrido no se detenía.

Tania corrió a la puerta principal. Lejzor la siguió inmediatamente.

Algunos vecinos asomaron sus cabezas por las ventanas de las casas. Otros corrieron afuera a ayudar. Nadie sabe cómo o por qué. Nadie vio. Ninguno. Pero todos los que vivían cerca de esa cuadra del vecindario lo habían oído.

¿Se había soltado el freno del auto? ¿Cómo? Saúl no podía hablar. El dolor punzante en su pie derecho era terrible. Trataba de resistir pero era insoportable. Inmediatamente, el hombre se desplomó en la sucia calle. Tania corrió y, a pesar de sus protestas, le quitó el zapato. Entonces vio: Lejzor también lo vio, el hueso de su pie derecho estaba roto; el auto le había pasado por encima. En minutos se inflamó, haciéndose del doble de su tamaño. Se convirtió en una fea mezcla azul y morada.

Piaski, 1934

No puedo estar todo el día en cama, todos los días ¡Me duelen las nalgas! —se quejaba Saúl.

Una vez más, intentó levantarse de la cama y pararse sobre su pie lastimado.

Tania corrió a su alcoba. —Acuéstate —lo reprendió.

Saúl ignoró a su esposa. Apretando los dientes, trató de levantarse. Pero el dolor abrumador lo obligó a dejarse caer en la cama.

Suspiró: —¿Otros dos meses de esto?

—Pueden ser más —dijo Tania—. Parece peor.

—¿Quieres curarte rápido, o quieres curarte bien? —continuó ella tratando de ayudarlo.

—¡Para cuando me cure, estaremos en bancarrota! —Saúl se rindió y permaneció en la cama.

El dolor nunca se detenía; día y noche un pesado dolor punzante latía en su pie. A veces, no pensaba en nada más. Cada segundo parecía una eternidad. Si tenía suerte, podía cojear por la casa durante un minuto o dos, apoyado en un par de muletas hechas en casa con un par de ramas de un árbol caído.

El doctor había insistido: no podía ir al baño que estaba fuera de la casa. La familia apenas toleraba el cubo de madera que se mantenía en la alcoba. Esto les dio una excusa a los niños para permanecer afuera.

———

Era tarde cuando finalmente el doctor golpeó la puerta del frente de la casa, como si fuera a romperla. El único médico de Piaski era pequeño, calvo y frecuentemente entrecerraba los ojos para ver mejor. Lejzor pensaba que la apariencia del hombre lo hacía parecer un mono, porque su gran nariz peluda a veces aleteaba.

Lejzor estiró al máximo su cuello a través del poco espacio que quedaba en la entrada de la alcoba de sus padres. Ester, su hermana mayor, estaba haciendo lo mismo en el otro extremo de la puerta abierta.

Ignorando a todos, Frajda la pequeña de dos años, jugaba con sus seis bloques de madera en el piso de la sala de estar. Estaba acomodando cuidadosamente uno encima del otro. Luego movía su largo pelo castaño como un látigo contra la pequeña torre para hacerla caer.

El doctor examinó el horroroso moretón del pie de Saúl.

—¡Auch! —gimió Saúl tratando de no gritar.

—Este clima frío. Gran problema. Muy grande. Muy malo para su pie —dijo el doctor con un sonido de "ts-ts" en su voz.

—Eso dice siempre —le susurró Ester a Lejzor. Los niños continuaron parados en la entrada de la alcoba, tratando de escuchar.

Con sus doce años, Ester era la mayor de los tres niños, era alta para su edad, delgada, su pelo castaño claro y crespo hacía juego con sus ojos cafés. Lejzor le tenía cariño a Ester. Ella con frecuencia le contaba lo que realmente estaban pensando papá y mamá, cuando ellos se rehusaban a decirlo. De alguna manera, su hermana mayor siempre lo sabía.

El doctor cara de mono guardó de nuevo sus instrumentos en el maletín. Luego hizo el diagnóstico:

—Usted debe vivir en un clima más cálido. Sería ideal un clima tropical. Con estos inviernos tan largos, su pie nunca va a sanar como debería.

Dicho esto, el mono se embutió en un abrigo grueso y murmuró:

—Ojalá pudiera vivir en un clima cálido —dio un rápido hasta luego y salió pavoneándose.

Tania hizo una mueca: —¿Qué? ¿Vivir en un clima cálido, dice? ¿Así no más?

Como Lejzor diría, su mamá estaba a punto de explotar. Él y Ester seguían prestando atención.

—¿Dónde podremos vivir que sea más caliente que aquí? —dijo Saúl alzando la voz. Hasta Frajda levantó los ojos de su mundo de bloques.

—Vi al doctor en Lublín una docena de veces, incluyendo las dos visitas para la cirugía —continuó Saúl—. Estaremos pagando esas condenadas cuentas médicas por el resto de nuestras vidas.

—Shh —advirtió Tania mientras trataba de amortiguar el grito cerrando la puerta. Nunca toleró los gritos de ninguna especie. Parados todavía a los lados de la puerta cerrada de la alcoba, Ester y Lejzor pegaban sus oídos contra la pared revocada en yeso para seguir oyendo.

La voz destemplada de Saúl rezongó:

—¿Cómo podemos pagar una mudanza? ¡No tenemos dinero!

—¡Algo habrá que hacer! —dijo Tania, quien hablaba suavemente, pero lo suficientemente fuerte para que sus dos curiosos hijos mayores oyeran—. No podrás trabajar si tu pie no sana nunca.

Silencio. Lejzor y Ester se miraron. Entonces Frajda estrelló dos bloques de madera contra la puerta cercana; el sonido la hizo sonreír.

Lejzor se sentía nervioso. Ester le había explicado por qué sus papás habían tenido que vender la semana anterior la heladería para conseguir dinero. Realmente era decepcionante. El chico dijo que él podía ayudar a conseguir un dinero extra ayudándoles a los vecinos, pero su madre y su padre insistieron en que permaneciera en la escuela. El silencio continuó. La mirada de Lejzor se perdió a través de la pequeña ventana de la cocina. Vio algunos copos de nieve cayendo lentamente: la primera nevada de ese invierno.

—¡Brasil —exclamó Saúl. Su grito casi hizo temblar los platos de la cocina.

Lejzor miró a Ester. Ella seguía ahí parada, tan confundida como él.

—¿Brasil? ¿Qué pasa con Brasil? —dijo Tania abriendo de nuevo la puerta de la alcoba. Sus niños miraron adentro con curiosidad. Lejzor notó que su papá sonreía.

—Tengo una tía que vive en Brasil —explicó Saúl—. Se mudó allá, cuánto hace, ¿diez o quince años? Ella puede ayudarnos.

—¿Cómo llegaremos a Brasil? —preguntó Tania.

Más silencio, entonces Saúl continuó:

—Si puedo conseguir suficiente dinero, me iré a Brasil primero. Trabajaré allá y luego mandaré por ti y por los niños. Es mejor que nos vayamos de Polonia.

Moviendo los labios lentamente para que los leyera, Lejzor le preguntó a su hermana mayor:

—¿Dónde queda Brasil? Las palabras "Brasil" y "dejar Polonia" habían dejado petrificada a Ester. Sus ojos empezaron a encharcarse, parecía horrorizada.

Esto le hizo pensar a Lejzor que ella sabía exactamente dónde quedaba Brasil. Era lejos, muy lejos, un mundo completamente diferente a todo.

Nueva Jersey, EE.UU., 2004

En verdad, Louis encontraba el pasado aburrido, pero sentía cierta curiosidad. Estaba sorprendido. Oír sobre Piaski y el accidente lo impulsó a preguntar:

—¿El bisabuelo Saúl estaba bien?

—Una camioneta de 900 kilos pasó sobre su pie —dijo su mamá.

Ahora estaban sentados a la mesa del comedor, disfrutando de un helado. "Una brillante idea de su parte", pensó Louis. Ella acababa de tomar otro bocado delicioso. Él continuó sorbiendo otra cucharada cremosa, bañada con salsa de chocolate.

Louis trataba de imaginarse: el enorme moretón, la inflamación. ¡Auch! Se estremeció.

—¿El bisabuelo dejó de conducir? —preguntó Louis.

—No tuvo elección. El pie no sanaba, las cuentas eran muy altas —agregó ella.

—¿Irse a Brasil sanó su pie?

Su mamá lo miró fijamente, como si estuviera buscando algo más allá de su necesidad de limpiar la crema pegajosa del helado de sus mejillas. Finalmente, dijo:

—Si no se hubieran ido, ni tú ni yo estaríamos aquí ahora. Tomó otro bocado.

Todo estaba tranquilo. Louis fijó su mirada en la última cucharada de helado de chocolate, que se derretía en su taza. Se sentía asombrado. ¿Qué tal si por todas las cosas que pasaron, o que no pasaron, él no hubiera nacido?

Louis rompió el silencio:

—¿Polonia es muy distinta de Brasil?

—La cultura de Polonia es muy diferente. Piaski es casi toda judía y Brasil es casi todo católico. Para ellos no fue fácil adaptarse —dijo su madre. Ella sostenía otra bola de helado de chocolate en su cuchara, luego agregó:

—Se necesitó mucho coraje.

Una gota de su helado cayó en la taza.

—¡Vamos allá! —dijo ella súbitamente.

Louis saltó:

—¡Mamá, me asustaste!

—¡Vámonos a Polonia! —continuó ella comiéndose su última cucharada—. Podríamos visitar Piaski, y Lublin, y Varsovia y luego ir al norte a Gdansk. ¿Cuánto falta para las vacaciones de primavera?, ¿cuatro semanas?

Louis apenas murmuró:

—No necesito ir a Polonia para hacer mi tarea.

—¡Por supuesto que no! —dijo su mamá. Ella parecía inmersa en sus pensamientos. —Siempre he querido ir allá. Quiero conocer el pueblo de mi papá.

—¡Yo quiero ir a Disney World! — gruñó su hijo.

—En cualquier momento podemos ir a Disney World; pero no a Polonia.

—¿Tenemos que hacerlo? —dijo Louis enfurruñándose. Él ya sabía la respuesta.

—Hablaré con tu papá cuando venga a casa.

¡Clink!

—No tires tu cuchara —dijo ella, respondiendo a la rabieta de su hijo—. ¿Qué tiene de especial Disney World? Todo es falso.

—Es divertido.

—Típico entretenimiento norteamericano.

—Estamos en Estados Unidos, ¿cierto? —dijo Louis.

— *Dzień dobry* —dijo su mamá.

—¿Qué?

—Eso es "Buenos días" en polaco. No iremos a Disney World. Nunca hemos visto Polonia, y tú eres parte polaco.

Con esto ella desapareció en la cocina. Louis hizo un puchero. Estas serían las peores vacaciones de primavera del mundo. ¿Por qué tenía que haber hecho tantas preguntas sobre la historia de la familia? ¿Por qué preguntó si Polonia era diferente de Brasil? Todo lo que tenía que haber hecho era una pequeña investigación, discretamente, y luego agregar algunas historias sobre el abuelo Lejzor. ¡Eso hubiera sido suficiente! Su profesora nunca lo hubiera sabido. En cambio, le dio rienda suelta a las ganas de su mamá de viajar.

Pero Louis también había despertado su curiosidad. En el fondo él, también, deseaba ver Piaski. Tal vez incluso otros lugares de Polonia. Seguro había lugares divertidos para los niños.

Cuanto más tiempo permanecía sentado en la mesa del comedor, más curioso se sentía. Ahí estaba el misterio, aunque no lo admitiera en voz alta.

¿Tendría él el deseo secreto de hacer una excelente tarea? Tal vez. ¿Sentía una conexión con su tierra desconocida y distante? Posiblemente. Para su abuelo tuvo que ser muy duro dejar Polonia.

Este misterioso lugar de Europa oriental empezó a interesarle. Se apropió de su imaginación y lo envolvió. Se sintió como un pez atrapado en un anzuelo, aunque pareciera mentira. También lo asustaba algo sobre este país. ¿Por qué? No sabía. Pero tenía esta urgencia inexplicable de conocerlo.

"*Dzień dobry*", se dijo Louis.

Nueva Jersey, EE.UU., 2004

El viaje a Polonia fue "de afán". La noche anterior, la madre de Louis casi arrinconó a su padre con su agitación, pero luego lo abrazó cuando él estuvo de acuerdo. Con ella todavía colgando de su cuello, el padre observaba a Louis.

—Mamá ha querido ir a Polonia desde antes de que nacieras —le explicó. Luego agregó: —Yo también quiero conocerlo.

El entusiasmo de su madre crecía a cada instante.

—Tomaremos un crucero desde Florida hasta Portugal —dijo mientras apilaba cuidadosamente los folletos y los mapas de Polonia a lo largo de la reluciente mesa del comedor, como un juego de solitario—. Nos quedaremos allí dos días, y luego volaremos a Polonia.

Como estaban a menos de un mes del viaje, hicieron inmediatamente las reservas. Pero según la madre de Louis todo estaba saliendo bien, porque de todas maneras el crucero tenía que atravesar el Atlántico hasta Portugal. "El crucero suena divertido", pensó Louis.

Su mamá desempolvó unas fotos en blanco y negro, bien guardadas en una caja plástica transparente, que estaba dentro del repleto armario del corredor. Puso cuidadosamente cada foto sobre la mesa del comedor. No eran muchas.

—Estas se tomaron en Polonia hacia 1938, tal vez en 1937 —dijo.

Louis se fijó en una fotografía: dos hermanas, una más joven que él, más o menos de 6 años de edad. La mayor tendría 16. Ambas estaban acompañadas de una mujer, su mamá, asumió.

—¿Quiénes son ellas?

—Esa es tu tía abuela Ester —dijo su mamá señalando a la adolescente—. Y la niña pequeña es tu tía abuela Frajda, cuando vivían en Piaski.

Louis se fijó de nuevo en la fotografía. En realidad él conoció a su tía abuela Ester y a su tía abuela Frajda en sus viajes a Brasil. Ahora, claro, estaban mucho más viejas, y preparaban unas galletas excelentes. Se fijó en otra fotografía. Era la misma mujer mayor de la foto, pero en esta estaba sola. Aparecía sentada detrás de un escritorio, sosteniendo un bolígrafo con su mano derecha sobre un papel, como si estuviera escribiendo una carta. Louis se preguntaba: "¿A quién?". La mujer de la foto estaba erguida frente a la cámara, completamente seria, como sumergida en algún profundo pensamiento. Era hermosa. Su pelo corto, liso, estaba partido a la mitad. Usaba un vestido de cuello blanco.

—¿Y quién es esta? —preguntó Louis mientras ponía su dedo índice sobre la imagen en blanco y negro de la mujer mayor. Lucía más joven de lo que estaba su mamá ahora.

—Tania. Ella es tu bisabuela —respondió su madre, pasando con suavidad su dedo por la delicada foto de 65 años.

—¿Hay alguna foto de ese poni blanco? ¿El que montaba mi abuelo Lejzor en el poema?

—No. Desearía que hubiera una —dijo su madre.

Recordando algo, su mamá tomó un pequeño sobre blanco de la caja de plástico. Lo abrió, y sacó otra foto. Era de un muchacho, de la misma edad de Louis, que estaba sentado dentro de un pequeño carro de carreras de acero. Tenía ruedas de radios. El chico casi no cabía en él.

—Ese es tu abuelo Lejzor cuando tenía tu edad, tal vez un poco menor —dijo su mamá. Louis observó la foto. ¿Las ruedas de radios de verdad se movían? ¿Era suyo? Detrás de él había un telón pintado: flores falsas, una columna falsa de mármol. Se veía extraño.

—¿Por qué está adentro en lugar de afuera? —preguntó Louis.

—Esa foto se tomó en un estudio fotográfico —respondió su madre—. Entonces era común. Mira el telón detrás de la bisabuela Tania.

Louis continuó fijándose en la foto del abuelo Lejzor, tanto que su mamá se retiró silenciosamente del comedor. Se sentía buceando en un mundo muy antiguo y montando en el carrito de carreras. Tal vez había una buena colina en Piaski. ¿Qué tal si pudiera jugar con su abuelo, cuando este todavía era un niño? Seguía absorto en la foto en blanco y negro ligeramente desteñida de bordes dentados, como esperando por un instante, una pequeña señal. Tal vez el abuelo Lejzor solo se alejaría.

No, él no tenía que viajar a Polonia para hacer la tarea. Pero, ¿cuántos niños de su clase podrían en verdad viajar adonde vivieron alguna vez sus ancestros? No muchos. Este sentimiento mantenía el deseo de viajar a ese país desconocido. Tal vez el próximo año podrían visitar Disney World. Por ahora, él dejaría viajar su imaginación. El poni, su abuelo, un jardín trasero. ¿Con mugre? Claro que con mugre. Y con eso, él se fue...

Piaski, 1939

L ejzor disfrutaba el poni blanco de sus abuelos Bron. El pequeño caballo podía cargar fácilmente sobre su lomo al muchacho de doce años, quien así pasaba el tiempo libre. La trocha polvorienta, típica de la vasta y rica campiña polaca, era pisoteada por los pequeños cascos del animal y a Lejzor le hubiera encantado cabalgar desde el amanecer hasta la puesta del sol. Pero el caballo necesitaba comida y descanso.

Su antigua vida familiar había desaparecido: la casa, la heladería que él amaba, la camioneta que aplastó el pie de su padre. Hasta su padre se había ido. Saúl había dejado Polonia para irse a Brasil hacía cuatro años, y todo lo que tenían tuvo que venderse para poder pagar ese costoso viaje.

Los días pasaban lentos y solitarios. Cada día él esperaba. Cada día se imaginaba que él, sus hermanas y su mamá se reunirían con su padre. Nadie le dijo nada, pero sabía que era difícil conseguir el dinero para los pasajes.

También extrañaba a Ester, que permanecía con la tía Sara en Krasnystaw, un pueblo pequeño que quedaba a dos horas de viaje. No la veía desde hacía más de un año, y si fuera posible, iría en el poni a visitarla. Pero la abuela y el abuelo Bron se habían rehusado.

Él y el poni eran demasiado jóvenes y ellos demasiado viejos para hacer un viaje tan lejos.

De modo que Lejzor se confinó en el jardín de atrás de los abuelos y observaba los pollos del vecino. Algunas veces perseguía a esos tontos animales, hasta que Salchicha Vieja le gritaba que se detuviera. Le gustaba enojarla. Ella era la persona más importante del vecindario. Pero incluso atormentar a Salchicha Vieja ya era aburrido. Todo lo aburría.

Dejando descansar al caballo, Lejzor pateó el suelo levantando una densa nube de polvo. ¿Por qué no podía vivir simplemente con su mamá y su hermana menor quien ya tenía seis años? ¿Por qué mamá y Frajda tenían que vivir a varias cuadras con otra familia? ¿De verdad no había espacio suficiente en algún lugar para que todos pudieran vivir juntos? A veces no lo entendía.

—Agradece que todavía estás en Piaski. Al menos puedes ver a tu mamá y a tu hermana dos veces a la semana —le decía la abuela Bron mientras estaba en la cocina. Ella cocinaba con frecuencia muchas delicias para Lejzor y golpeaba suavemente la coronilla de la cabeza rapada de su gruñón nieto con el cabo de la cuchara de madera.

—¿No te gusta vivir con este par de fósiles viejos? —le decía sonriendo. Lejzor sonreía también. Luego ella agregaba: —Ellas sufren más que tú.

La abuela Bron tenía razón sobre su hija Tania. Ella estaba sufriendo. Él lo entendía. Su mamá estaba agradecida con la familia Kozerski por su generosa hospitalidad. Ellos eran simpáticos y amables y a ella no le preocupaba su religión católica, no mucho.

Sin embargo, su mamá era muy religiosa. Los Kozerski no sabían nada de sinagogas; nunca habían visitado una. Ellos no entendían el Shabbat, la Pascua, el *Rosh Hashanah* o el *Yom Kippur*. ¿*Yom Kippur*? La mamá de Lejzor estaba atónita. Con tantos judíos en Piaski, ¿cómo podían ser tan ignorantes? Aun los judíos no religiosos, pocos de ese pueblo tal vez lo eran, sabían algo de los grandes días sagrados.

Lo peor de todo para la madre de Lejzor era que los Kozerski no conservaban un hogar kosher (según la ley judía, hay alimentos que se deben evitar). El horrible olor de la salchicha, como parte del desayuno diario, la enfermaba.

—Sueño que una salchicha gigante me persigue por la calle antes de que le caiga un rayo —les susurró una noche en yiddish a sus hijos, cuando Lejzor fue de visita—. Luego explota. ¡Esto hace que se multiplique en muchas salchichas pequeñas que bailan alrededor de Piaski! Los tres rieron. La señora Kozerski les preguntó qué era tan divertido, pero ninguno dijo una palabra aunque Frajda tuvo que morderse su labio inferior para dejar de reírse.

Aun cuando no era feliz, la educada madre de Lejzor nunca se quejó. Al menos tenían comida. Ella era una invitada de la familia Kozerski; respetaba sus costumbres, sin importar cuáles fueran.

Lejzor regresó junto al caballo. Su estómago le molestaba. Tal vez había sido por pensar en toda esa comida. Montó al poni, dio una vuelta completa, luego media y comenzó a fantasear. El abuelo Bron estaba en la puerta trasera, observándolo. Apareció, como un fantasma. Lejzor se sobresaltó. El abuelo Bron tenía 55 años. No tenía barba y no le gustaba afeitarse, de modo que Lejzor observaba crecer su barba gris y blanca de varios días hasta que finalmente se la cortaba con tijeras en lugar de usar la cuchilla. Ignoraba las quejas de la abuela Bron al respecto y molestaba a su nieto frotando su cara de papel de lija contra la del niño. Gracias a tantos años de cortar leña, el abuelo Bron era musculoso. Generalmente, se mantenía erguido y orgulloso. Pero ahora, parado en la puerta, estaba ligeramente encorvado; sus brazos pendían sin vida a los lados de su cuerpo.

El abuelo Bron se veía triste. Lejzor se bajó del caballo y lentamente se acercó a él.

—Tú, tus hermanas y tu madre se van a Brasil —dijo el viejo—. Es tiempo de que se reúnan con tu padre.

Silencio. La vida estaba a punto de cambiar de nuevo.

—¿Cuándo? —preguntó finalmente Lejzor.

—En tres o cuatro días —dijo el abuelo—. Cuanto más pronto, mejor.

Piaski y Lublín, 1939

Ester se veía muy distinta. Lejzor lo notó inmediatamente cuando llegó su hermana, tres días antes de que dejaran Piaski y comenzaran su largo viaje a Brasil. Ahora, a los 16 años, había perdido su cara de niña; lucía como una mujer. Hasta el abrigo largo que usaba la hacía ver mayor, como su mamá.

Otra vez unidos, la familia por poco no puede viajar. Ester y Lejzor se enfermaron. Permanecieron dos días en cama, con gripa, en la casa de los abuelos Bron. Los cinco hermanos y las tres hermanas de su madre comenzaron a opinar: "Ester y Lejzor no debían hacer el viaje". La madre y el padre de Saúl sin embargo, esperaban que los niños pudieran viajar. La abuela Bron pasó horas convenciendo a cada uno de ellos de que estarían en pie para el gran viaje. Entonces, como si hubiera sido un milagro, Lejzor y Ester empezaron a sentirse mejor tan solo un día antes de irse. La noche anterior, se despidieron de sus tíos y tías, y de sus primos.

Para ahorrar dinero, los tres jóvenes viajeros y su madre habían tomado una carreta más lenta, tirada por caballos, en lugar de una camioneta como la que Saúl acostumbraba conducir. Su equipaje eran una maleta y tres grandes bolsas hechas con sábanas que habían cosido juntas. Los niños guardaron en ellas su ropa y algún juguete pequeño o un libro. La abuela Bron abrazó uno por uno a sus nietos, y luego abrazó a su hija Tania. Ninguno se sentía capaz de sonreír. Quién sabe cuándo volverían a verse de nuevo, si acaso tal vez en unos años. Todos estaban tristes.

Todavía estaba oscuro cuando empezaron a girar las ruedas de la carreta. Mientras se alejaban, el abuelo y la abuela Bron permanecieron en la puerta de la casa hasta que, lentamente desaparecieron de su vista. Otra lágrima rodó suavemente por la mejilla de su mamá. Sus ojos seguían rojos desde que ella y la abuela Bron se abrazaron, casi el tiempo suficiente para que Lejzor desayunara de nuevo. Finalmente, su estómago ya podía retener la comida.

El sol se asomó. Otro día brumoso de agosto. Los dos caballos viejos y escuálidos halaban fielmente a los cinco seres humanos por un camino lento y lleno de baches hasta Lublín. Los platos dentro de la maleta de Tania sonaban cada vez que la carreta cogía un bache en la vía polvorienta. Ella había insistido en llevar su preciado regalo de bodas.

Lejzor estaba triste otra vez. Se había despedido de las casitas con techo de paja, de las enormes granjas y del humo de las chimeneas de muchas casas. Iba a extrañar esa región. Era todo lo que él conocía. Frajda, quien nunca antes había viajado, absorbía cada paisaje que veía.

Después de dos largas horas de viaje, la ciudad de Lublin apareció en la distancia.

Lejzor miró largamente el enorme campo abierto. Permanecía callado, quieto. No se veía a nadie por ninguna parte. Le parecía que ya había estado antes allí. ¿No había pasado la familia unas vacaciones en este lugar cuando su padre vivía aún con ellos? Lo golpeó una sensación extraña; su cuerpo se sacudió ligeramente.

Curioso, decidió preguntarle al conductor: —¿Qué lugar es este?

El conductor, que lucía sombrero negro y barba espesa, dijo sin mirar atrás: —Majdanek.

———

Un águila gigantesca de bronce parada en la estación del tren de Lublin, miraba fieramente a los pasajeros que arribaban. Lejzor, Ester y Frajda estaban emocionadísimos: ¡un tren! Por fin se montarían en la Gran Serpiente de Acero, como sus tíos, tías y primos lo llamaban.

Lejos de estar emocionada, la madre de Lejzor se veía nerviosa. Revisaba de arriba abajo el tablero de programación con la larga lista de trenes que arribaban, tratando de hacerse a la idea. Mientras tanto, Lejzor, hambriento, miraba en el mostrador de una pastelería un gallo enorme, hecho de pan, esperándolo. El gallo era el símbolo de Lublín. Lejzor imaginaba el suave sabor del pan caliente dentro de su boca.

—Quédate ahí —le dijo Ester, como si adivinara las intenciones del niño.

—Podemos compartir ese gallo.

Ester suspiró. —Yo sé. Me encantaría que pudiéramos pagarlo.

La familia había traído comida, aunque su madre no estaba de humor para servirla.

Apretujados en la pequeña estación, los pasajeros fijaban su mirada en el reloj de la pared. Lejzor se dio cuenta de que algunas personas lucían muy nerviosas. Una mujer agitaba sus brazos ampliamente, mientras que un niño tiraba de su vestido, como si estuviera atacándola un asaltante.

—¡Todos los pasajeros deben bañarse! —retumbó fuertemente la orden del dependiente de la estación.

Los pasajeros confundidos, se miraban entre sí. ¿El hombre estaba bromeando?

—El baño previene la diseminación de los piojos —exclamó enojada la madre de Lejzor, después de que preguntara por qué era necesario bañarse. La familia no tenía opción. No si deseaban llegar ese día a Varsovia.

Lejzor estaba fascinado. La estación tenía una ducha de verdad; nunca antes había usado una. Su casa en Piaski no tenía tubería de agua, de modo que se bañaba en una tina con agua del pozo del pueblo, que se calentaba ligeramente en la estufa de leña. En casa, bañarse tardaba una hora o más.

Lejzor, curioso, permaneció en la larga fila de hombres que conducía a la única ducha. Ahora estaba separado de su familia. Uno a uno, cada pasajero se paraba debajo, jalaba la cadena para liberar el agua, tomaba una rápida ducha con una única barra de jabón que todos compartían, y luego se secaban. ¡Todo era tan rápido!

Cuando llegó su turno, Lejzor se paró bajo la ducha, mirando hacia arriba. La gran regadera parecía un girasol gigante que lloraba todo el tiempo, tanto como su madre y su abuela esa mañana. En lugar de tirar de la cadena, se imaginaba cómo funcionaría. ¿De dónde venía en realidad el agua? ¿Cómo era que la cadena podía controlar así la salida del agua?

—Muévete —dijo un hombre con mirada gruñona que estaba detrás de él en la fila. Su enorme panza peluda se desparramaba sobre el borde de su toalla blanca—. Sabes que todos necesitamos bañarnos.

Impaciente, el señor Panza Peluda se irguió y jaló la cadena de la ducha.

—¡Aaaaah! —jadeó Lejzor. ¡El agua helada le cayó en la cara como si un zorrillo lo hubiera rociado! Todos, excepto Lejzor, se echaron a reír. Se duchó rápidamente, ansioso por encontrarse con su madre y sus hermanas, y se vistió inmediatamente. De repente, recapacitó: ¿Excepto por esa fascinante regadera de la ducha, ¿quién quiere compartir un cuarto húmedo y helado con un montón de desconocidos desnudos?

Para Lejzor fue casi divertido abrirse paso por el atestado corredor del estrecho vagón del tren; se enredaba entre los ansiosos pasajeros. Como una ardilla, se metió debajo del brazo de su no tan divertida madre.

—No seas tonto —le dijo impaciente.

Como si fueran piedras gigantes en una carretera pequeña, las maletas bloqueaban el paso de todo el mundo, hasta que fueron empujadas al interior de un compartimento para seis personas y luego, apiladas unas sobre otras en el portaequipaje situado sobre sus cabezas.

Un hombre joven se abrió paso. Con los codos se acomodó entre Tania y los niños, saltando por encima de las bolsas hechas en casa. Y Lejzor notó algo: ¡El hombre estaba alcanzando el bolso de su madre!

—¡Mamá, cuidado! —gritó, tratando de agarrar el brazo del hombre. Ester alejó a Lejzor, mientras su madre tiró del bolso y lo puso fuera de su alcance. Como si no hubiera pasado nada, el frustrado ladrón huyó por el corredor y dejó el tren. Desapareció afuera, entre la multitud.

—¡Permanezcan adentro! —ordenó Tania. Los niños obedecieron rápidamente y entraron en el pequeño cuarto con seis sillas. Antes del viaje, casi a diario, la madre de Lejzor había sido advertida una y otra vez por la abuela Bron: cuidado con los ladrones. Él ahora entendía por qué.

Dos pasajeros de aspecto descomunal, marido y mujer, se abrieron paso en el pequeño espacio para asegurarse los dos asientos restantes. El tren estaba lleno, como si fuera el último que saliera de Lublín.

Por fin, el largo tren abandonó lentamente la estación. Dentro del vagón, la familia Rozencwajg sentía un gran tumbo cada vez que la rueda del tren giraba y el mundo conocido quedaba atrás. Era la primera vez que viajaban en tren. Para Lejzor eran fascinantes la rápida aparición y desaparición de las casas, la ropa colgada y los postes del telégrafo. Su madre y su hermana mayor parecían asustadas. Si embargo, Frajda estaba encantada. Permanecía de pie para poder ver a través de la ventana. De repente, se cayó hacia atrás, sobre el regazo de la robusta mujer. Tania se disculpó, e inmediatamente agarró a su hija menor.

El tren avanzaba aprisa. Lejzor no había viajado tan rápido nunca en su vida. Una vez sintió la velocidad, amó esa sensación. Pero Ester no. Ella comenzó a lucir como si fuera a devolver todo lo que había comido.

Lejzor se acomodó en su asiento de cuero. Por fin relajado, pensaba en el viaje. Pronto llegarían a Varsovia, cambiarían de tren, y viajarían hacia el norte, a Gdansk. Después de un corto viaje al occidente a Gdynia, tomarían un barco a Francia, y luego harían trasbordo a otro rumbo a Brasil. El viaje completo duraría un mes.

Fort Lauderdale,
EE-UU., 2004

El crucero era enorme, un monstruo marino blanco gigante, suficientemente grande como para tragarse por lo menos cinco ballenas azules sin eructar. Parado en el puerto de Fort Lauderdale, Louis observaba el tremendo tamaño del barco. Se sentía estremecido.

—¿Qué pasa? —preguntó su madre, antes de que ella, él y su padre, entraran por el acceso al barco.

Nervioso, Louis apenas dijo:

—¿Tenemos que ir?

—Lo siento, ya estamos aquí —respondió inmediatamente su padre.

—Quería ir a Disney World. ¿Estamos en Florida, cierto? ¿Qué tan lejos puede estar?

Su madre le dijo disgustada: —¿Crees que tu abuelo se quejó tanto como tú? ¡Los niños de hoy son tan mimados! ¡Es increíble! ¡Todo lo has tenido de una manera tan fácil! Nunca viajé en un crucero como este cuando tenía tu edad. Solo pude salir de Brasil a los 24 años. ¡Mi familia no hubiera podido costearlo!

Louis sabía que su mamá no había terminado.

—En tiempos de tu abuelo, los niños nunca se quejaban. Apreciaban hasta lo más pequeño que tenían, que no era mucho.

"Qué bueno por ellos", pensó Louis. "¿Los niños nunca se quejaban? ¿Qué eran: perros entrenados?" Se puso furioso, pero guardó silencio.

—Sonrían —dijo el fotógrafo que trataba de tomar una foto de la familia. Louis estaba a punto de sacar la lengua. En cambio, mostró forzadamente sus dientes, una sonrisa de estatua de cera.

La familia abordó el barco. Louis se paró en la entrada y miró incrédulo: la entrada era lujosa. Había una tarima circular de parqué sobre el piso de mármol blanco brillante; las barandas metálicas relucían, las pantallas de las lámparas despedían destellos, había un tapete suave en las escaleras y una marquesina gigantesca de vidrio de colores sobre sus cabezas. El lugar era espléndido.

Louis se detuvo sobre la tarima. Puso un pie delante del otro y siguió los elaborados trazos de las incrustaciones de madera. ¿Era culpa suya que la vida en los tiempos del abuelo Lejzor fuera más dura que ahora?

—Solo cuatro días, ¿eh? —dijo el padre de Louis mirando a todas partes sonriendo.

—Exploremos —insistió su madre. Estaba radiante.

El gigantesco barco era mejor que cualquier hotel que Louis hubiera visto en su vida. Él y sus padres pasearon por todas partes. Había un largo malecón de tres niveles con tiendas de ropa, heladería, cafetería y una juguetería. Pasaron por al menos cuatro restaurantes diferentes, un salón de té, un gran teatro para espectáculos, otro para cine y una pista de patinaje. La familia vio tres piscinas distintas, una de ellas con un gran parque acuático para niños. Fueron a la parte alta del barco y vieron una cancha de básquetbol y un muro para escalar. Más tarde, sus padres visitaron un spa muy completo y un gimnasio para adultos.

Luego, se abrieron las puertas del cielo: una galería enorme con todos los juegos de video imaginables. Louis también admiró el gran club para niños.

¿Todo eso era para él y su familia? ¿Habría un error?, pensó Louis. Tal vez deberían cruzar el océano Atlántico en un remolcador o en un carguero, y regresar a su sencillo hogar. De esta forma, él podría jugar en su *Game Boy*, ver Tv., ver a sus amigos, y pretender que no estaba siendo consentido por la vida moderna.

¿Estaba bromeando? Algo así. Todavía se sentía molesto con su mamá. El barco del abuelo Lejzor no era como ese. Estaba seguro de eso. No, no, el barco del abuelo Lejzor era gris, oscuro y deprimente. Las camas, sin duda, eran catres metálicos estrechos, perfectos para un cadáver. En los tiempos del abuelo Lejzor todo tenía que ser difícil; era obligatorio. Y los niños de hoy lo tienen todo tan fácil. Los niños de hoy simplemente son consentidos. Entonces de nuevo, con todo este lujo, tal vez los adultos también eran consentidos.

—Siento haber sido brusca contigo —dijo su madre cuando buscaban el camarote. Ella sabía que aún estaba disgustado—. Quiero que disfrutemos de todo esto, ¿OK?

Louis asintió con la cabeza. Ella lo abrazó y le acarició la cabeza.

—Tu abuelo adoraría este sitio. Él contó que su barco era muy diferente de los actuales. Desearía que hubiera podido ver esto.

La familia y el equipaje llegaron al tiempo a la pequeña pero confortable alcoba. Louis admiró el acogedor interior. Al lado de la gran ventana, había una litera para él, encima de la de sus padres. De verdad era un barco muy, muy bonito. Era mucho más de lo que había imaginado. Olvídate del *Game Boy*, olvídate de la Tv., olvídate de Disney World, al menos por ahora. ¿Cuatro días solamente? Les hubiera gustado quedarse por lo menos un mes.

Varsovia, 1939

A esta familia de viajeros novatos de Piaski, Lublin les parecía el lugar más grande del mundo. Pero Varsovia era abrumadora. Las imágenes de las casas y de los edificios de apartamentos duraron varios minutos, hasta que el tren desapareció en un túnel, sumiendo a todos en la oscuridad. Tania suspiró. Lejzor, Ester y Frajda estaban nerviosos. Entonces, unas luces mortecinas se encendieron mientras el tren arribaba a la estación subterránea.

Cuando al fin descendió del vagón, Lejzor estaba mareado. ¿Qué escaleras debería tomar? ¿Cuál camino? Su madre estaba tan confundida como él. Ester, menos pálida que unas horas antes, todavía se veía enferma.

Las paredes sucias estaban abarrotadas de señales que parecían inútiles debajo de las tenues luces. Nunca tímida, Tania le pidió a alguien, a cualquiera, indicaciones, hasta que finalmente un hombre de aspecto ocupado le señaló con el dedo el camino y lo siguieron rápidamente. Toda la escena era divertida para Lejzor: en Varsovia todos los pasajeros tenían prisa.

Luego vino la odiosa tarea de cargar las bolsas repletas hechas de sábanas por las larguísimas escaleras. Todos ayudaron. Dentro de la maleta de Tania, sus preciosos platos sonaron otra vez. —¡Cuidado! —advirtió.

Lentamente, la familia arrastró las voluminosas bolsas escaleras arriba, y luego a través de la extensa área de espera de la estación. Casi sin energías, dejaron caer el pesado equipaje contra un muro de piedra. Cada bolsa resultó muy útil como asiento.

Por fin era hora de comer. Tania sacó la comida casera que quedaba: *kreplach* (pasta rellena de carne o puré de papas que se sirve usualmente con caldo de pollo), sin caldo de pollo.

Lejzor solo observaba, estaba muy alterado para comer. La enorme sala de espera principal era el sitio interior más grande que había visto en su vida. El techo era más alto que cualquier edificio de Piaski, incluyendo su escuela de tres pisos. En los siguientes minutos, se calmó y se sintió contento. Feliz de no tener que cargar su maleta, feliz de estar sentado y comer, de observar. Pero no por mucho tiempo. Si solo pudieran visitar Varsovia. Difícilmente podía imaginar la vista que encontraría fuera de la estación. Pero tenían que tomar muy pronto su próximo tren. Si no hubieran ido por el camino de Gdynia, tal vez hubieran podido explorar la ciudad más grande de Polonia.

—¡Por qué sale de Gdynia nuestro barco? —preguntó Lejzor—. Gdanzk está más cerca, es más grande, tiene más barcos.

Los ojos de su madre empezaron a agrandarse. Se quedó mirando a su hijo, que estaba a punto de hablar otra vez.

—¡Ssssh! —lo interrumpió con un susurro severo, luego miraron alrededor. No había nadie cerca oyéndolos.

Lejzor no entendía.

—No es seguro —susurró su madre.

—¿Por qué? —preguntó en un tono de voz normal que sonó muy fuerte.

—Porque somos judíos —replicó Ester, manteniendo su voz baja y mirando a todas partes.

—Hay muchos alemanes en Gdansk —dijo su madre—. Bajo ninguna circunstancia hablen nunca en yiddish hasta que lleguemos a Brasil. ¿Entendido?

—¿Por qué no? —preguntó Frajda.

Lejzor continuó hablando ruidosamente.

—Los alemanes no nos quieren. Ellos...

—¡Ssssh! —insistió Ester. Ella miraba intranquila hacia todas partes, como si fueran una familia de contrabandistas dentro de una multitud de ladrones. Frajda imitó a su nerviosa hermana y dijo:

—¿Hicimos algo malo?

—Aunque seas buena, la gente te odiará —dijo Lejzor, que obligado por su madre, ahora le susurraba al oído a su hermanita.

—Los alemanes no quieren a los polacos —dijo Ester—. Odian a los judíos aún más. Por eso tenemos que irnos.

—¡Dejen de hablar de eso! —exclamó Tania procurando mantener baja la voz.

Un pasajero se dio cuenta. Los cuatro Rozencwajgs lo observaban. El hombre también los miró, luego siguió su camino.

El tren saldría hasta dentro de una hora. Mientras tanto la familia aguardaba en silencio, Lejzor pensaba en Brasil. ¿Sería mejor la vida allá? ¿Les darían la bienvenida como judíos? Mientras comía su diminuta ración de *kreplach* sentado en su maleta, deseó conocer la respuesta.

—¡Todos deben tomar una ducha antes de subir al tren! —gritó un oficial corpulento. Apareció súbitamente y empezó a pasearse entre los pasajeros. Lejzor observó a su madre y a Ester. Ambas estaban sorprendidas e irritadas. Tania trató de explicar que ya se habían bañado en Lublin y además no tenían piojos.

—Todos deben tomar una ducha para evitar la diseminación de los piojos o no serán admitidos en el tren —repitió el hombre como si ya lo hubiera dicho muchas veces. Luego siguió su camino.

—Prefiero arrastrar más equipaje —dijo Lejzor con un suspiro. Lentamente, se levantó sobre sus pies, uno tras otro.

El crucero, 2004

El barco hacía su ruta a través del océano Atlántico. Louis y sus padres pudieron comer al fin, su primera cena a bordo. Se sentaron en una mesa de seis puestos; pronto se les unirían otros tres pasajeros. El enorme restaurante de dos pisos, tenía balcón. Deberían estar cenando unas trescientas personas. Los otros comensales resultaron ser una pareja y un muchacho de la edad de Louis. Su nombre era Roger. Su cabello rubio y corto, sus grandes ojos cafés. Se sentaron juntos.

"Esto es perfecto", pensó Louis. Sacó un par de *Hot Wheels* del bolsillo de su chaqueta. Tenía que estar bien vestido. Roger sacó un mini *Game Boy*. Por supuesto que era mejor.

—Nada de *Game Boy* en la mesa —dijo el padre de Roger, que usaba un reloj costoso.

Como los adultos estaban conociéndose entre sí, Louis y Roger tomaron cada uno un *Hot Wheel*, y comenzaron a hacerlos zumbar sobre sus piernas como si estuvieran conduciéndolos por una pista de obstáculos muy accidentada.

Sirvieron la cena. Primero vinieron los rollos de pan. Louis los devoró. El rollo era delicioso si se le esparcían cantidades de mantequilla. Luego, el veloz y bien vestido mesero sirvió los platos de ensalada verde, "boom, boom, boom", en cada mesa. Louis quedó en *shock*: ¿un plato de cosa verde asquerosa? Los mocos también son verdes. Tomó otro pan.

—Chega, Louis, no más pan —dijo su mamá en mitad portugués/mitad inglés. Detestaba la palabra "chega", que significa "suficiente", a menos que ella lo obligara a tomar sopa, otra comida que no soportaba.

—No le gusta comer —dijo la madre de Louis a los padres de Roger. Roger comía su ensalada. ¡Parecía que le encantaba!

—Come algo de ensalada —insistió la madre de Louis.

—Odio la ensalada —dijo él.

—¿Cuándo la habías probado? —preguntó su padre.

—La probé una vez y no me gustó.

—¡Trata con esta! —exclamó su madre—. Las ensaladas no son todas iguales.

Louis se negó. Se fijó en la impresionante escultura de un pez, tallada en un gigantesco bloque de hielo.

—Es un chico difícil —dijo la madre de Louis a los padres de Roger. Enojado, Louis pretendió no haberla oído. Sus padres continuaron comiendo.

—¿No deseas esto? —dijo el mesero dispuesto a retirar la ensalada. Louis negó y la ensalada se fue. "Qué simple pensó el niño". "Dices no y la comida de aspecto horroroso desaparece". "¿Por qué sus padres no podían entender eso?".

Entonces, salido de la nada, el mesero emboscó a las dos familias con sendas tazas de sopa de verduras. Louis de nuevo estaba aterrorizado. Examinó detenidamente la enorme y asquerosa visión de desperdicios de zanahoria, tomate, apio y papas. ¿Quién podía haber hecho semejante cosa?

—Vamos, Louis —suplicó su madre—. Tres cucharadas.

Nada. De nuevo, permaneció tan firme como una lagartija en una roca.

—Trata con el caldo —dijo su padre—. O no hay postre.

—¿Cuántas cucharadas?

—Seis.

Louis se exasperó: —¡Mamá dijo que solo tres! La próxima vez, haz lo que ella dice.

Su padre tomó un sorbo de vino. Louis llenó la cuchara y tomó un sorbo cautelosamente. El sabor salado estaba mal, justo como se lo imaginó. Obviamente, sus padres disfrutaban torturándolo.

Seis cucharadas después, el tiempo más largo registrado en su vida, había terminado agradecido al ver cómo le retiraban rápidamente el plato de sopa. Luego llegó la pasta. Estuvo bien, ¡excepto por la cosa verde! Louis trataba de escarbar con su tenedor por si acaso encontraba otra cosa extraña.

—¡Solo es albahaca fresca! —dijo su padre mientras miraba a los padres de Roger. Louis pensaba que los padres de Roger pensarían que sus padres ya debían dejar de fastidiarlo. Él estaría de acuerdo. La pasta era mejor sola: libre de vegetales, libre de hierbas verdes, libre de salsa de tomate. Solo con aceite de oliva, como en casa.

—No hay postre si no te comes tu pasta —insistió su madre. Su padre asintió en señal de acuerdo. Como siempre, era claro, ambos conspiraban en su contra.

Mientras tanto, Roger había limpiado su plato y parecía listo para el postre. Pero se veía tan aburrido como Louis y preguntó:

—¿Podemos levantarnos de la mesa?

Los padres de Roger estuvieron de acuerdo. Louis miró a sus padres.

—Cuando termines tu pasta —insistió su padre.

¡Cielos! Como siempre, sus padres se negaban a ceder un milímetro. Se engulló media docena de cucharadas, las suficientes para cumplir el requisito y poder levantarse.

—¿Sin postre? —preguntó su madre. Louis agitó su cabeza "no".

—Quédense cerca del restaurante —dijo el padre de Louis.

Liberados, los dos muchachos se turnaron para jugar con el *Game Boy*. Había un juego de esconderse y buscar. Además del barco, había zarpado una nueva amistad. Esto era mejor, pensaba Louis, que la tortura con la sopa.

Gdansk, 1939

Lejzor estaba exhausto, pero ¿quién podía dormir? El tren atestado, estaba lleno de gente maloliente. Aparentemente las duchas obligatorias no ayudaban. La rendija abierta de la ventana ofrecía algún alivio, pero ni siquiera la brisa tibia y tardía de agosto podía ahogar el coro de ronquidos. Toda la noche, durante todo el camino a Gdansk, tres pasajeros tosieron sin parar, al unísono, como si fueran una banda de tres instrumentos.

Los Rozencwajgs tuvieron que viajar en un carro abierto con otros cincuenta pasajeros, no dos como antes. Demasiado extenuado para permanecer despierto, Lejzor por fin se durmió.

Despertó antes del amanecer. Por fin, el tren estaba casi desocupado. Estaba detenido en Gdansk, negándose a continuar los últimos treinta minutos de viaje a Gdynia, donde estaba esperándolos el barco. Su vagón estaba en silencio. Solo quedaban cinco pasajeros.

Sonó la alarma en su estómago. ¿Mamá habría pensado en el desayuno? De hecho, sí. Dentro de su maleta había *rugula* hecha en casa, oliendo delicioso todavía. Lejzor estaba encantado.

—Asegúrate de dejar suficiente para tus hermanas —dijo su somnolienta madre sonriendo. El olor irresistible del chocolate y del azúcar y la masa horneada hicieron que Ester y Frajda se despertaran rápidamente y tomaran su desayuno.

Lejzor estaba impaciente; no podía esperar a subir por primera vez a un barco. El viaje del día anterior había sido excitante, esperaba que durara para siempre.

Entonces dos hombres subieron al tren. Ninguno llevaba maleta. Tampoco escogían un asiento desocupado entre los que estaban disponibles. No usaban uniformes, solo llevaban largos abrigos negros de cuero. Estos dos no eran autoridades polacas. Algo no andaba bien.

Lejzor los vio inmediatamente, pero trataba de no mirarlos. Sentía que los ojos de los extraños se fijaban en él, como dos perros ansiosos por lamer sus mejillas. Terminó de comer rápidamente su *rugula*, igual que Ester, que miraba a Frajda como esperando que terminara rápidamente su postre de apariencia judía.

Lejzor les dio un vistazo a los demás pasajeros; ellos tampoco levantaban la vista. Un de ellos, un hombre de aspecto fuerte, se había puesto notablemente pálido.

Los dos intrusos parecían un par de anguilas que acabaran de asomarse de una cueva. Sus mentones eran puntiagudos, respiraban pesadamente. Lejzor apretaba sus labios tratando de no soltar una risita nerviosa.

Nadie más estaba riendo. Los dos hombres imponían el silencio captando la atención de todos. Observaban a los pasajeros, intentando hacer contacto visual con alguno.

Una anguila señaló a Lejzor, tal vez notó al muchacho por su mal controlada necesidad de reír. El hombre le habló en alemán. Lejzor no entendió. Su cuerpo se llenó de miedo; una burbuja de aire crecía dentro de su estómago.

La anguila repitió su frase, calmadamente, como si estuviera preparándose para atrapar a su presa. Asustado, Lejzor miró a su madre para que lo orientara. Ella y sus dos hermanas estaban aterradas. Los demás apartaban la mirada. Si los dos hombres trataban de agarrarlo, nadie podría ayudarle.

—Lo siento, solo hablo polaco —se le escapó a Lejzor.

Silencio. La mente de Lejzor se volvió una tormenta. ¿Realmente acababa de disculparse por hablar su lengua nativa en su propia tierra? ¿Por qué? Él no quería que las dos anguilas se enteraran de que él y su familia eran judíos. Pero una parte de él casi lo grita, lo más fuerte que pudiera. Una parte de él deseaba golpear a ese par en la nariz. ¿Estaba loco? ¿Golpear a un adulto? Sí, estaba loco. Estos hombres hacían que dentro de él se agitaran sentimientos que no entendía. Se sentía asustado.

—¡Pasajes! —gritó un conductor que hablaba polaco. Era un hombre enorme que caminaba erguido.

—¡Pasajes! —gritó de nuevo, sin reparar en las dos anguilas. Sin pasajes, no tenían poder.

Los dos hombres echaron una última mirada alrededor del vagón, y rápidamente descendieron del tren.

Lejzor siguió mirando a los dos alemanes. Ahora estaban fuera del tren, en la plataforma de la estación. Haciendo un último esfuerzo por asustar a los que estaban dentro, las dos anguilas miraron detenidamente a las ventanas, luego dieron la vuelta y desaparecieron, para siempre.

Al fin, el tren empezó a moverse. La madre de Lejzor le ofreció gustosa los pasajes al conductor. Todos se relajaron en el vagón del tren. Los pasajeros se miraban con alivio. Lejzor soltó sus manos de sus rodillas; sus palmas estaban sudando.

Gdynia, 1939

—No le gusta sonreír —dijo Frajda observando al hombre con modales de ogro. Lejzor se sintió apenado; él también lo había notado, pero nunca lo diría en voz alta. ¿Qué tal si este oficial del puerto de Gdynia se enojaba y no le permitía a la familia subir a bordo del barco?

El hombre alargó su mano. Tania le extendió el pasaporte de la familia. En él estaba la foto que les habían tomado juntos a Lejzor, Frajda, Ester y Tania. Lejzor había tratado de estar serio, pero para cuando la tomaron, se asomó una sonrisa tonta. El fotógrafo, enojado, había insistido en la pose nuevamente. Por fin, logró una foto aceptable para las autoridades, una en la que todos se vieran serios y miserables.

—Te ves como si quisieras matar a alguien —se burlaba Lejzor de su hermana mayor, mirando nuevamente el pasaporte.

—Sí, estaba pensando en ti— dijo Ester con una sonrisa burlona.

—¡Hola! —dijo Frajda de nuevo, pero el oficial de aduanas se rehusaba a soltar una sonrisa. Ignorándola, le puso el sello al pasaporte. Por fin, la familia tenía permiso para salir de Polonia.

Lejzor nunca antes había abordado un barco. Ninguno de ellos lo había hecho. El transatlántico se veía enorme, como una plancha al revés, estirándose como un caramelo de chicle. En la parte alta de la plancha había una construcción del tamaño de una casa con cantidades de cables de acero suficientes para poner a secar ropa. Dos canecas enormes de estaño, que llamaban chimeneas, se levantaban cerca del centro del barco. Lejzor planeaba quedarse en cubierta donde pudiera pasar horas mirando el océano y la costa.

Finalmente bajaron el puente levadizo. Lejzor se llevó su primera sorpresa. El barco se convirtió en un mundo flotante que se mecía ligeramente de lado a lado. Se sintió mareado.

Pero este curioso niño de doce años, no pudo esperar a explorar cada pulgada del barco de la proa a la popa. Mientras su madre y sus hermanas permanecían en la barandilla, Lejzor vagó por el barco. Por un momento se quedó solo.

La mayoría de los barcos estaban anclados a lo largo del extenso y moderno puerto de Gdynia. Pero había dos en mar abierto. Lejzor contempló la enorme vista.

Aspiraba el aire fresco, ligeramente húmedo. Había llovido temprano. Se sentía contento.

Entonces oyó voces en alemán. Lejzor se dio vuelta rápidamente. No había nadie. Luego un grupo de hombres dio vuelta en una esquina. No eran pasajeros, ni tripulación, pero estaban caminado rápidamente, en dirección a Lejzor. Sus abrigos largos negros se parecían a los de los dos anguilas que habían abordado el tren en Gdansk. ¿Quiénes eran? ¿Por qué no tenían uniformes?

Lejzor entró en pánico, incapaz de pensar claramente. Una mano lo agarró por detrás, por el cuello de su chaqueta y lo jaló. Lejzor pateaba en todas direcciones, pateaba al aire, pateaba a cualquier cosa que pudiera golpear. Inútil. Estaba siendo arrastrado al otro lado del barco, lejos, muy lejos de los alemanes.

—¡Suélteme! —gritó.

No podía ver a su raptor. Tenía que ser un hombre porque Lejzor fue arrastrado fácilmente, como un pequeño saco de lavandería.

—¡Shhhh! —vino un susurro. En efecto, era un hombre.

—No dejes que los alemanes te vean.

Lejzor dejó de sacudirse. ¿Podía confiar en ese extraño? ¿Tenía otra opción?

Después de arrastrarse debajo de un gran tubo, Lejzor pudo ver finalmente a este hombre misterioso: era un miembro de la tripulación, mayor que su

hermana, con la cara limpia, afeitada y el pelo rubio debajo de su gorra de goma. Usaba grandes botas y un impermeable, un verdadero hombre de mar. También olía a cigarrillo.

El temible desfile de hombres pasó rápidamente. El capitán del barco, con su uniforme, los seguía y demandaba que los intrusos bajaran inmediatamente del barco. Detrás del capitán había doce miembros de la tripulación en el remolque. El grupo se apresuraba a la parte baja del barco, y desaparecieron entre la gente. Ninguno de ellos vio a Lejzor ni al extraño que lo había rescatado.

—No voy a lastimarte —dijo el tripulante. Su voz era tranquilizadora—. ¿Eres judío?

Lejzor se negó a contestar.

—¿Eres judío? —repitió el marinero, claramente. No era un interrogatorio. Se oía preocupado. Lejzor se decidió y musitó:

—Sí.

—No dejes que esos hombres te vean, son de la policía secreta alemana. La *Schutzstaffel*. Están revisando todos los barcos que entran y salen. Estos tipos no son permitidos a bordo. Se están descarando. Muy pronto van a agarrar a los pasajeros. No podemos hacer nada por detenerlos.

Lejzor no sabía qué decir. Ahora tenían sentido los dos anguilas a bordo del tren en Gdansk. Agradecido, se mantuvo silencioso. El tripulante se fue alejando.

—Tengo que cambiarme. Estoy retrasado. Regresa con tu familia y quédate con ellos —insistió—. No vengas a cubierta, no hasta que salgamos al mar. Entonces agregó:

—Por cierto, yo soy Kazimierz.

Lejzor corrió, sosteniendo su gorra, hasta que se reunió con su familia.

—¡Dónde estabas! —lo reprendió su mamá.

—En cubierta —dijo sumisamente.

—Deja de revolotear y quédate con nosotras. Ella tenía que haber sabido de los hombres a bordo.

Finalmente, el barco inició su viaje. Permanecieron en cubierta, mirando hacia la ciudad que poco conocieron. Sería su último vistazo a Polonia. Más allá del gigantesco puerto de Gdynia se veían muchos edificios de aspecto antiguo y moderno, de cuatro pisos de alto.

Los hombres alemanes que Lejzor había visto antes, ahora estaban parados en el muelle, como los demás, entre la multitud, viendo cómo el barco de pasajeros se alejaba suavemente. Olvidándose de los alemanes, apoyó su cabeza contra la baranda para ver abajo cómo golpeaba el agua contra el casco del barco. Estaba venteando.

El océano se hizo enorme, profundo; rodeaba todo. Pero Lejzor no había pensado antes en esto. No sabía nadar. Y entonces se congeló por el temor: ¿y si el barco zozobraba? Ahora se sentía mareado y débil y estuvo a punto de caerse, pero una mano lo agarró rápidamente por la parte de atrás de su camisa. Este fue el día de ser jalado por adultos.

—Quédate cerca de mí —le dijo su nerviosa madre, mientras ella y todos los demás se agarraban fuertemente de las barandas de acero de la cubierta. El balanceo del barco se sentía peor que el del tren.

El barco continuó abrazando la línea costera de Polonia. Entonces, mientras el viento amainaba, cruzaron a través de aguas más calmas y se dirigieron fuera del mar Báltico. Por fin Lejzor se relajó y disfrutó del paisaje. Este extenso océano, realmente lo sorprendía y asustaba a la vez. Durante semanas estuvo deseando estar en el barco, estar en el mar.

Frajda, muy pequeña para ver por encima de la baranda de la cubierta, se irritó. Tania alzó a su hija y le aprisionó con su peso hasta casi inmovilizarla. Pronto, ella se rindió.

Lejzor notó que Ester se fijaba en el mar. Se mantenía en silencio. Su madre también tenía una mirada triste. Estaban a punto de perder de vista a Polonia. Sentían como si estuvieran guardando sus vidas en una caja. No tenían hogar, ni parientes, ni amigos, ni escuela, ni comidas favoritas; solo un barco lleno de extraños. Todo lo que los Rozencwajgs conocieron estaba a punto de convertirse en un recuerdo permanente. ¿Cuándo se desdoblarían de nuevo sus vidas encajonadas? ¿Quién sabía? ¿Y qué tipo de vida encontrarían?

Crucero, 2004

El segundo día, el crucero estaba lleno de actividades. ¿Confección de máscaras? Estaba bien.¿La búsqueda de un tesoro? Siempre está bien divertirse con un tesoro. ¿Tiempo libre para jugar en el centro para niños? Seguro. ¿Pero nadar? ¿Quién habló de nadar? Entonces de nuevo, el día sin nubes estaba caliente y seco, perfecto para pasar la tarde en una de las tres grandes piscinas del barco.

Louis se puso su vestido de baño y se sentó en el borde del extremo pando, difícilmente tocaba el agua con las puntas de los dedos de sus pies. El agua profunda lo aterraba. Generalmente no entraba al agua. Las duchas las soportaba, pero tener su cara mojada era lo peor. Odiaba esa sensación: el líquido obstruía su nariz.

—Ven —dijo Roger, saltando a la piscina. Nadaba por todas partes. En la parte honda; en la parte panda. Lo hacía ver fácil.

Louis se mantuvo en la orilla. Lentamente, le dio la vuelta a la piscina. A pesar de sus temores, el agua lo fascinaba. Amaba los acuarios. Se paró cerca de la parte honda y miró detenidamente. Había algo brillante, tal vez una moneda, en el fondo de la piscina.

Si los bañistas pudieran dejar de salpicar ...

Sintió un repentino empujón y perdió el equilibrio. Su cabeza cayó primero en el agua.

¡Sintió pánico! Le faltó el aire, inmediatamente se hundió y empezó a ahogarse.

Movía sus brazos, pero el agua se negaba a dejarlo escapar.

Entonces lo vio, rápidamente, lo vio: una forma extraña, como de una persona, una forma que emanaba luz. ¿Era real? Llegó a él una orden, entre sus pensamientos llenos de pánico, una voz le dijo : —Agáchate, impúlsate.

Louis lo intentó. Se agachó, plantó sus pies en el fondo de la piscina y se impulsó hacia arriba, tal como lo había hecho recientemente en el *bungie jumping* del centro comercial. Simplemente había rebotado hacia arriba, mientras la correa hecha de una gruesa banda de caucho le daba un impulso adicional.

Funcionó, más o menos. Chapoteó algunos pies, pero no hasta la superficie. La luz del sol entraba a raudales a través del agua. Sobre la superficie, se veían vagas siluetas de personas moviéndose. Flotaba hacia arriba: tres pies, luego dos, luego uno. A cada segundo le dolía la cabeza por contener la respiración.

Un par de manos lo agarraron por debajo de la cintura, había un nadador cerca de él. Luego otras cuatro manos lo agarraron de los brazos y lo sacaron del agua. Inmediatamente lo pusieron sobre una silla perezosa.

—¿Estás bien? —preguntó el salvavidas, un hombre mojado con cara de estudiante universitario, pelo negro y piel bronceada. Louis tosía fuertemente, pero asintió con la cabeza. "Sí".

—De verdad lo siento —dijo Roger muy preocupado—. Pensé que podías nadar.

—Nunca, nunca empujes a nadie en una piscina —dijo firmemente el salvavidas.

—¿Dios mío, estás bien? —gritó la madre de Louis. Ella y su padre venían corriendo. —¿Dónde hay un doctor? ¡Necesitamos un doctor!

—Estoy bien, mamá —dijo Louis tosiendo de nuevo.

—Si hubiéramos estado aquí solos, no habría podido salvarlo. No puedo nadar —le dijo ella al salvavidas.

—¿Qué pasó? —preguntó el padre de Louis.

—Yo, yo lo empujé —dijo Roger con expresión de culpa—. Lo siento.

—¿Acaso es buena idea empujar a alguien en una piscina? —dijo el papá de Louis. Roger miraba hacia abajo, sintiéndose estúpido.

—Está bien —dijo Louis. No quería que su nuevo amigo se metiera en problemas—. Él no sabía y estoy bien.

—¿Dónde están tus padres? —preguntó el padre de Louis.

—En el spa —dijo Roger—. Creo.

Louis pensaba en la figura que vio bajo el agua. Parecía una persona. Lo más probable es que solo fuera su loca imaginación trabajando.

—Si su hijo necesita clases de natación —dijo el salvavidas— soy instructor certificado.

—Sí —dijo su madre—. Por favor, enséñele.

—¿Lecciones de natación? —preguntó Louis.

—El abuelo Lejzor odiaba el agua y nunca aprendió a nadar; siempre se arrepintió de eso —dijo su madre—. Una vez en la playa, unos amigos lo lanzaron al mar, bromeando. Fue horrible.

—¿Puede enseñarle mañana? —preguntó el padre de Louis al salvavidas.

—Claro que sí.

Estaba decidido. Louis miraba a la piscina. ¿Se suponía que estas eran unas vacaciones divertidas?

La Belle Isle, 1939

¿Es esto real? —dijo Lejzor. Mirando todo con asombro.

—¿Bonito barco, eh? —comentó un pasajero a Lejzor, un hombre que tenía que ser polaco.

El crucero era enorme; un buque de acero sólido, pintado de café y gris en la base y de blanco arriba. Se llamaba *La Belle Isle*.

El barco que habían tomado para salir de Polonia: "Era impresionante", pensaba Lejzor. Pero este, era grandioso. Bien valían la pena los tres días que él y su familia tuvieron que esperar en Le Havre, un puerto francés. Parecía un vecindario gigantesco en el mar.

Pero ese pensamiento puso triste a Lejzor. Tenía cantidades de habitaciones para sus abuelos, sus tías, sus tíos, sus primos, todos los amigos de la escuela, y hasta para sus profesores. Había espacio para el rabí, espacio para todos los que iban a la sinagoga los viernes en la noche para el *Shabbat*. Ese pueblo flotante podría alojar a todos sus vecinos, incluyendo a Salchicha Vieja, y a todos los antiguos clientes de la heladería de su familia. Tal vez *La Belle Isle* podría alojar a todos los 7.000 habitantes de Piaski.

Mientras que él y otros cientos esperaban a que abrieran la plataforma, Lejzor admiraba el casco del buque. ¿Cómo podía permanecer sobre el agua esa nave? ¿Cómo se vería por debajo? Luego, el joven viajero de ojos ansiosos, se fijó en los tres grandes mástiles. Desde sus cimas salían gruesos cables que se conectaban con todas las partes del barco como si fuera el montaje de un palo de mayo. Lejzor quería agarrar una cadena, colgarla sobre uno de los cables tensionados y deslizarse hacia abajo en picada hasta llegar a la superficie de la cubierta del barco.

Por fin, bajaron la plataforma. Rápidamente la estrecha entrada se llenó de pasajeros impacientes. La mayoría de ellos eran europeos: franceses, alemanes, suizos, unos pocos británicos y cerca de una docena de polacos. Los portugueses abordarían el barco cuando llegaran al puerto de Lisboa.

Entonces ocurrió algo: la mayoría de los extranjeros que abordaron el barco comenzaron a hablar en susurros, conversaban entre sí, muy calladamente. Luego de dos o tres minutos, un humor sombrío se esparció por todo el barco. Lejzor sintió el cambio. A dondequiera que mirara, veía tantos rostros preocupados como gente que hablaba en idiomas que no entendía. Muchos estaban silenciosos, esperando con la mirada perdida como en *shock* o sumidos en profundos pensamientos. Alguna noticia estaba abriéndose camino por el barco.

Hasta Frajda notó el cambio.

—Nadie habla en voz alta —dijo ella, mirando alrededor.

La siguiente en ser golpeada por el silencio fue la madre de Lejzor. Ella acababa de separarse de un pasajero polaco. Le había dicho algo, ¿pero qué? Luego Ester se quedó callada. Una expresión preocupada cruzaba su cara, luego brotaron las lágrimas. Frajda seguía moviendo sus brazos, como si intentara salir volando de la cubierta llena de gente.

—¿Mamá? —dijo Lejzor tratando de captar su atención. Cansado del misterio.

—¿Qué pasa, mamá? —no hubo respuesta.

—¡Mamá!

Eso la sobresaltó lo suficiente como para mirar a su hijo, pero todavía no podía responder.

—¿Qué pasa? —preguntó por vigésima vez.

—Tengo miedo —se secó las lágrimas como si fueran molestas moscas. Tomó aire y luego dijo—: Alemania atacó a Polonia.

Lejzor también se sentía intimidado por el silencio, pero no por mucho tiempo.

—¿Atacó? ¿Cómo?

—Lo bombardearon —dijo ella—. Varsovia, Gdansk. Está ocurriendo ahora mismo.

———

Los Rozencwajgs estaban sentados en su camarote. Era pequeñito y acogedor. Su interior de acero sólido sonaba "*clang*" cuando Frajda taconeaba con sus zapatos contra la pared hasta que le pidieron que se detuviera. Sus camas eran unos catres pequeños que estaban doblados contra las paredes. Los colchones, si es que se les podía llamar así, eran tan blandos como el mármol.

—¿Cuánto tiempo estaremos aquí? ¿Dos semanas? —dijo Lejzor—. Es tan pequeño.

—Tus abuelos nunca se quejaron tanto cuando eran niños —dijo su madre—. Los niños de hoy... estaba muy preocupada para finalizar el regaño.

Ahora el barco estaba navegando. El día estaba por terminar. La familia había esperado con ansiedad hasta que hubiera oscuridad suficiente para encender la lucecita del techo. No habían usado la electricidad. En Piaski no había.

Lejzor fue el primero en llegar al interruptor de la luz. No pasó nada. Intentó una y otra vez. Entonces Frajda, que no pudo resistir más, saltó por su turno.

—¿Por qué no funcionan las luces? —preguntó Ester.

Tania abrió la puerta para pedir ayuda. El corredor estaba más oscuro que una cueva.

Algo estaba mal.

—Todas las luces están fuera de servicio. Solo por precaución —dijo un miembro de la tripulación que caminaba por el estrecho corredor. Se fue inmediatamente.

—¿Precaución contra qué? —preguntó Lejzor.

—Submarinos alemanes —dijo una voz desconocida en polaco. Venía de una puerta al final del corredor. Un hombre que tenía su puerta abierta. ¿Era el mismo con el que su madre había hablado antes?

—Los submarinos patrullan estas aguas cada noche —explicó el extraño.

—¿Qué es un submarino? —preguntó Frajda.

—Barcos que van bajo el agua —dijo Lejzor quien entonces entendió—. Los alemanes hunden barcos como el nuestro. Con torpedos.

—Gracias por explicarnos —intervino su madre. Lejzor retrocedió.

—¿Por qué quieren lastimarnos los alemanes? —preguntó Frajda.

—Hablemos de otra cosa —dijo su madre.

Nadie habló. El barco se deslizaba suavemente sobre el mar tranquilo. Ver algo era casi imposible, excepto por un pequeño rayo de luna que entraba por la ventana circular del camarote. El ruido crujiente e incesante del agua golpeando contra el casco del barco puso nervioso a Lejzor. Se sentía atrapado.

Frajda sonreía tontamente. En casa por lo general había una vela encendida. Papá acostumbraba cantarles una canción para hacerlos dormir. Tania sostenía la cabeza de su hija menor sobre su regazo. Finalmente Frajda se calmó y se durmió.

Lejzor observaba en la oscuridad. Se había puesto nervioso. Se preguntaba si cualquiera que regresara a casa podría volver a salir. Tal vez alguno habría escapado. Al menos él estaba a salvo, por el momento. ¿Se lo merecía? ¿Por qué tenían tanta suerte él y su familia?

Ester rompió el silencio:

—¿Crees que ellos están bien?

—¿El abuelo y la abuela Bron están bien? —preguntó rápidamente Lejzor sintiéndose aliviado de poder hablar del tema—. ¿Y la tía Rebeca, el tío Moshe, y Jacob e Isaac? ¿Y los Stein, los Honigs, los Horovitzs? ¿Y Simón y Yitzchak y el señor Polonsky y los Weiners de la calle de abajo? Y...

—Ellos deben estar bien —gritó Ester rápidamente, antes de que su hermano hiciera una lista del pueblo entero—. Piaski es pequeño —continuó—. ¿Por qué atacar un pueblito?

Las palabras de Ester se devolvieron por su garganta una a una, como si estuviera tragándolas. Pasó un momento. El camarote estaba oscuro como el carbón; tal vez una nube había cubierto la Luna. Por la razón que fuera, la luz de la luna había desaparecido.

Ester encontró la manera de hablar de nuevo.

—¿Tú qué piensas, madre? —dijo.

Incapaces de ver, los niños pusieron atención a lo que les decía su madre.

—La guerra es tan impredecible —dijo Tania. Su voz se desvanecía suavemente en la oscuridad.

—No sabemos dónde será la batalla o qué tan grande será.

Silencio. Luego agregó:

—Pienso que están a salvo.

—¿Por qué atacarían Piaski los alemanes? —preguntó Lejzor.

—Sí, ¿por qué? —dijo su madre—. Varsovia y Gdansk son ciudades grandes. No tiene sentido que ataquen pueblos pequeños. Pero nuestros soldados son muy valientes. Ellos darán la pelea.

—Tal vez Alemania se haya detenido —dijo Ester. Las voces fueron apagándose de nuevo.

Todo estaba silencioso. Pero Lejzor quería continuar hablando.

—¿Podremos regresar? Es decir, ¿si queremos? —dijo.

—No —intervino la voz del extraño desde el corredor—. Tenemos suerte de haber salido cuando lo hicimos.

Tania esperó unos minutos, luego cerró la puerta de la habitación. Tiempo de dormir.

—Mandémosles una carta —dijo Lejzor.

—¿Desde dónde? —preguntó Ester—. Estamos en el mar.

—Cuando lleguemos a Lisboa podemos mandarla —replicó Lejzor—. Escribamos mañana en la mañana.

Crucero, 2004

—Mientras te mueves alrededor de la piscina, cuenta hasta tres y luego levanta la cabeza para respirar —dijo Rich, el salvavidas que lo había sacado del agua el día anterior—. Luego pon de nuevo tu cabeza en el agua y cuenta otra vez hasta tres.

—No me sueltes —pidió Louis quien trataba de no tragar agua.

Rich sostuvo las dos manos de Louis.

—Estarás bien —dijo.

El agarre de Rich era fuerte, no quebraba los huesos. Se sentía digno de confianza. Claramente, pasaba tiempo en el gimnasio. Si su bronceado y su pelo castaño fueran más claros, podría hacerse pasar por el hermano mayor de Louis.

Aun con dos hermanas, el abuelo Lejzor debía sentirse como hijo único de vez en cuando. No era justo, pensó Louis. Él prefería jugar con chicos mayores, usualmente los hijos de los amigos de sus padres, o compañeros de negocios.

Louis estaba decidido a nadar por su cuenta. Quería impresionar a su nuevo instructor y a sus padres. ¿Por qué estaban papá y mamá simplemente sentados en sus sillas perezosas, absortos en la lectura de sus libros? ¿Cuándo iban a mirarlo?

Durante los minutos siguientes, Louis fue llevado por Rich a la parte panda de la piscina. Ahora, chapoteaba solo. Todavía no pedía ayuda; imaginó un grupo de tiburones nadando justo por debajo de él. Inmediatamente, se hundió. Entró en pánico. Se estiró, haciendo su mejor esfuerzo por tocar el fondo de la piscina con sus pies. Afortunadamente los tiburones imaginarios no importaban.

—Trata de nuevo —dijo Rich—. Lo estás haciendo bien. Además de una sonrisa amigable, tenía mucha paciencia, y los salvavidas mantienen alejados a todos los tiburones que andan holgazaneando en las piscinas.

Louis trató una y otra vez. Chapaleaba con estilo de perro. Al menos no estaba colgando del cuello de Rich. Fue mejorando hasta mantener correctamente la cabeza afuera o debajo del agua. Seguía a su profesor que estaba zigzagueando de espaldas al final de la parte panda.

Rich se movió más allá, hacia la parte honda.

—Puedes hacerlo —dijo.

Louis no podía tocar el fondo. No había nada que lo sostuviera. Se sentía asustado.

—Eso es —dijo Rich—. Más despacio y simplemente patea. No te hundirás.

Louis avanzó. Luego, como por arte de magia, lo logró. Estaba flotando. Empezó a nadar. ¡Libre!

Se sentía como un astronauta saliendo de su nave espacial. Hasta los tiburones habían desaparecido.

Rich lo llevó de vuelta a la parte panda. Había terminado la lección.

—Sigue nadando como lo has hecho y pronto aprenderás —dijo Rich sonriendo. Luego se fue.

El crucero continuaba deslizándose a través del Atlántico desde Estados Unidos. Dentro de dos días fondearía en Lisboa, en Portugal. Cuando estaba en la piscina, se sentía como si no estuviera moviéndose en absoluto. Los días en el mar eran calientes; la piscina se mantenía llena de gente.

—¡Nadaste muy bien! —dijo su madre acercándose a él.

Una banda caribeña empezó a entonar al lado de la piscina, algunas canciones de samba del Brasil. Louis había oído antes esas canciones. Incapaz de contenerse, su mamá brasileña empezó a bailar un poco, al lado de la piscina. Algunas veces lo hacía, mientras veía por T.v. el carnaval de Río de Janeiro. Parecía que lo llevaba en la sangre.

—¡Mamá! —gritó deseando esconderse.

—¿Qué? —dijo—. Ven a bailar.

Agarró suavemente a su hijo por el brazo y empezó a bailar.

—¡Mamá! —gritó de nuevo soltando su mano.

Ella lo dejó ir y siguió bailando. —Quiero vivir en Brasil —dijo ella.

—¿No te gustan los Estados Unidos?

—Claro que sí. Pero a veces extraño mi país.

—¿Por qué? —dijo Louis.

Su madre seguía bailando. —Si alguna vez te vas a vivir fuera de Estados Unidos, lo entenderás. Luego tomó su mano. —Baila. Esta es una gran canción.

Ahora seco, Louis saltó de nuevo a la piscina. Continuó practicando sus brazadas y sus zambullidas. De verdad le encantaban sus nuevos *goggles*. El cloro ya no irritaba sus ojos, y ver por debajo del agua era de lo mejor. ¡No había tiburones! Cerca del fondo, pretendía ser un cangrejo que peinaba la superficie por cualquier cosa que pudiera encontrar.

Por un momento pensó que volvía la figura extraña una que emitía una especie de luz, como la que vio el día anterior. ¿Era un fantasma? Con tanta gente alrededor, y la luz del sol reflejándose en algunas piernas en movimiento, podría ser cualquier cosa.

—Estoy aburrido— dijo Louis. Estaba acostado en su litera, en el camarote.

—¿Cuándo vas a escribir el trabajo del colegio? —preguntó su madre. Estaba en el baño, secándose el pelo.

—Deberías empezar a hacerlo antes de la hora de la cena.

—Estoy cansado —respondió Louis. Estaba exhausto por haber nadado la mayor parte del día. En ese instante, solo quería descansar. Pero también quería hacer algo divertido.

—¿Cansado? —dijo ella—. Te dije que adelantaras el trabajo esta mañana.

—Tengo que digitarlo —dijo él.

—Usa el portátil de tu padre —dijo su mamá que ahora estaba fuera del baño y arreglada para la cena—. Deberías incluir esa carta que tenemos para el reporte.

Louis recordó la carta. Su madre la mantenía guardada en un sobre plástico para que no se dañara. Había un retrato de la familia Rozencwajg apiñada en su pequeño cuarto de *La Belle Isle*. Tal vez la tía abuela Ester había sacado su bolígrafo y había arrancado una hoja del papel blanco de su diario. "Yo escribiré", podría haber dicho.

¿Quién dictó la carta? ¿Todos? Probablemente su bisabuela. Pero el abuelo Lejzor y la tía abuela Frajda con seguridad agregaron una frase por su cuenta. Decía así:

Septiembre 8, 1939

Querida familia,

Oímos la noticia mientras salíamos de Francia. Nuestros corazones están por el suelo y todos a bordo del barco estamos preocupados. Por favor, cuídense todos. Están en nuestros pensamientos cada día.

Si pueden, por favor, escríbanle a Saúl en Brasil. Por favor, díganle cómo están. Nosotros estamos bien, pero los extrañamos mucho a todos. El viaje va bien. Muchos paisajes nuevos. "Le Havre fue aburrido", dice Lejzor. Pero hemos sido muy afortunados y estamos a salvo.

Acabamos de llegar a Lisboa, Portugal. "Está soleado", dice Frajda. No queremos usar todo el papel del diario de Ester, de modo que por ahora paramos. Por favor, escríbanle a Saúl tan pronto como puedan. Déjennos saber que están a salvo. Los amamos mucho a todos.

Con amor,

Frajda, Lejzor, Ester y Tania.

Cuando Louis leyó la carta por primera vez, no dijo nada. Pero luego, mientras la leía de nuevo, estaba pensando en algo.

—¿Cómo conseguiste esta carta de la familia? —preguntó Louis—. ¿No la mandaron a Polonia?

—No —respondió su mamá, poniéndola dentro del joyero.

Louis la miró, y preguntó:

—¿Por qué no?

Lisboa, 1939

El grumete dijo ¡No! —exclamó Tania—. No sale correo y nadie puede salir del barco.

Lejzor notó que estaba disgustada. Él también. Ester también estaba frustrada, mientras ponía cuidadosamente la carta en su diario. ¿Cómo iban a saber de su familia en Polonia?

El crucero estaba anclado en Lisboa. Estarían solo lo suficiente para recibir un grupo de viajeros portugueses. Pero esto había sido hacía cinco días, mucho más que la sorpresa y la irritación de todos. La creciente guerra causaba temor por los submarinos alemanes.

La Belle Isle estaba anclada en el puerto, como si estuviera pegada a Portugal para siempre. Los Rozencwajgs deambulaban por el barco, o se sentaban en su camarote por largos períodos de tiempo. Afortunadamente tenían luz. Lejzor no podía detenerse. Una y otra vez accionaba el interruptor de la luz.

—¡Deja eso ya! —gritaba su madre. Lejzor se sentaba y se enfurruñaba.

Los combates en Polonia estaban generalizándose. Era difícil conseguir detalles de los problemas del país y de su familia. Uno de los dos miembros polacos de la tripulación anterior, Kazimierz, que ahora estaba asignado a *La Belle Isle* de Francia, se había convertido en la fuente de información más confiable para los Rozencwajgs. Sabía suficiente francés para averiguar qué estaba pasando. Aunque lo invitaban al camarote, parecía reacio a entrar.

—Varsovia y Gdansk cayeron bajo las tropas alemanas —dijo Kazimierz. Se veía sombrío.

Lejzor sintió que un estremecimiento recorría su cuerpo.

—¿Han caído otros pueblos? —preguntó Tania.

—¿Piaski está a salvo? —preguntó Lejzor—. ¿Alguien ha escapado?

Kazimierz se encogió de hombros y dijo:

—¿Dónde queda Piaski?

—¿No sabes dónde queda Piaski? —preguntó asombrado Lejzor. Para él, Piaski era el centro del universo.

—¿Por qué debía saber? —dijo Ester—. Polonia está lleno de pueblos pequeños.

—Está a una hora de Lublín —dijo Tania—. A caballo o en carreta.

—¡Oh! —dijo tímidamente Kazimierz—. Nunca he estado en el sur. Mi hogar está en Gdynia.

—¿Tu familia está bien? —preguntó Ester.

Kazimierz encogió los hombros de nuevo, como si fuera su costumbre.

—No puedo volver a casa —dijo—. Ya no tengo hogar. Si soy afortunado, el capitán me dejará trabajar en este barco por largo tiempo.

Kazimierz se excusó y se retiró.

—Al menos tenemos un país a donde ir —dijo Lejzor, sintiendo pena por el tripulante.

—Le debe su nombre a un rey —dijo de repente Ester. Una lágrima rodó por su mejilla y la secó rápidamente.

—¿Qué rey? —preguntó Lejzor.

—El rey Kazimierz el Grande de Polonia, quien vivió hace cerca de 600 años, en el año mil trescientos algo —dijo Ester—. Kazimierz el Grande ayudó a Polonia a hacerse más fuerte. Desarrolló a Cracovia. Y también le ayudó a los judíos a asentarse en Polonia, después de que fueron expulsados de otros países.

—¿Por qué era tan amistoso con los judíos? —preguntó Lejzor.

—Tenía una amante llamada Esther, que era judía. Eso es lo que me dijo el abuelo Bron.

—¿Qué es una amante? —preguntó Lejzor.

—Una amiga muy cercana —respondió su madre rápidamente, mientras volteaba los ojos hacia arriba.

—¡Ah, sí! Probablemente tenía influencia sobre él —dijo Ester—. Nadie lo sabe con certeza. Pero gracias a Kazimierz el Grande, Polonia tiene una larga historia de ser razonablemente amistosa con los judíos.

—Nadie más lo es —dijo Tania. El silencio se impuso de nuevo.

Por fin, luego de seis días, *La Belle Isle* recibió permiso para zarpar. Este no era el único buque retenido por la guerra. El puerto de Lisboa estaba atestado de barcos de carga y de pasajeros. Todos los días, Lejzor contaba las nuevas llegadas. Todos los días esperaba desembarcar. Todos los días Kazimierz seguía diciendo:

—Es muy riesgoso.

Lejzor observaba a los nuevos pasajeros portugueses mientras arrastraban su equipaje a bordo. Todavía había mucho chismorreo. Hacía cinco días, estos pasajeros habían esperado para abordar y se habían devuelto. Algunos comenzaron a gritar, lo suficientemente alto para ser oídos si había alguien en cubierta.

El grupo más ruidoso era de seis hombres jóvenes: todos tendrían 20 años más o menos y eran amigos. La mayoría de ellos tenía el pelo engominado, partido cuidadosamente a un lado.

Uno de ellos miró a Lejzor y lo saludó con un movimiento de cabeza. Era bastante musculoso; las mangas de su camisa azul oscuro estaban enrolladas cuidadosamente sobre sus codos. Todos se pavoneaban incansablemente, fumaban, lucían como si hubieran crecido en la ciudad.

Estos jóvenes portugueses se fijaron inmediatamente en Ester y en Tania cuando pasaron las dos mujeres. Uno de los hombres silbó. Agarrando a sus dos hijas de las manos, Tania caminó rápidamente.

Esto le dio pie a Lejzor para seguirlas a todas partes.

—Esta puerta permanece cerrada —advirtió Tania cuando regresaron al camarote.

—¿Aun cuando estemos aquí adentro? —preguntó Lejzor.

—Sí —dijo su madre—. No confío en esos jóvenes portugueses.

—Necesitamos aprender a hablar portugués —dijo Lejzor.

Su madre lo fulminó con la mirada.

—Él tiene razón, madre —dijo Ester rápidamente—. Tal vez podrían enseñarnos, ellos parecen...

—¡Ya basta! —dijo Tania—. Silencio. Ester se sentó, haciendo un puchero. Lejzor todavía no entendía. Para él, los hombres no eran una amenaza, no como ese par de anguilas del tren en Gdansk. Por eso, solo con excepción de la cena, permanecieron encerrados en su camarote toda la tarde.

Al día siguiente, el barco estaba mar adentro, en la ruta de Portugal a Dakar, África. Lejzor se sentía aliviado. Desde la cubierta admiró la vista del océano soleado; hasta el viento se sentía agradable. La inmensa cantidad de agua todavía lo ponía nervioso. Pero estaba feliz de ir a alguna parte.

Uno de los portugueses, el de pelo negro y mangas enrolladas que lo había saludado con un gesto el día anterior, estaba quitándose sus medias negras. Luego tomó un pañuelo y lo enrolló cuidadosamente dentro de sus medias para hacer una pelota. Él y sus tres amigos iniciaron un juego de agarrar la pelota, lanzársela y devolvérsela.

Lejzor observaba. Entonces, uno de los hombres lanzó la pelota de medias suavemente hacia él. Su madre se hubiera vuelto loca si hubiera visto esto. ¿Pero por qué? Estos tipos no se veían tan malos. Muy bien, la pelota de medias no estaba limpia. ¿Pero y qué? A veces, ella se preocupaba demasiado.

El hombre de la camisa azul oscuro le hizo señas a Lejzor para que les lanzara de regreso la pelota. Lo hizo. El juego continuó. Después de un momento, Lejzor agarraba de nuevo la pelota.

—¿Como é o seu nome? —preguntó el hombre de la camisa azul oscuro y las mangas enrolladas.

—¿Qué? —replicó Lejzor en polaco.

El hombre se señaló a sí mismo:

—João —dijo —y luego señaló a sus amigos—. Pedro e Joaquim. Volvió a señalar a Lejzor

—¿Como é o seu nome?

Lejzor entendió

—Lejzor —dijo con una sonrisa.

—Lej-zor —repitió João como si estuviera asimilando un nombre muy raro—. Lejzor.

El juego de agarrar la pelota duró una hora. Lejzor no podía hablar portugués. Los tres hombres no podían hablar polaco, pero todos se entendieron.

En altamar, 1939

◆Qué es eso? —preguntó Frajda parada en la cubierta.
¿Era de noche, después de la cena. Frajda señalaba al
océano oscuro. La Luna era un cachito, aunque su
luz se reflejaba en el agua, lo que hacía parecer la noche
más brillante que si hubieran estado en tierra.

Los demás notaron lo que veía Frajda. Algunos pasajeros se unieron a los Rozencwajgs y en un momento se llenó
la cubierta. Pero la mayoría guardaba un silencio extraño.

Una pequeña lucecita parpadeaba como si fuera
una vela lejana. Proyectaba un reflejo en el agua.

—¿Qué es eso? —preguntó Lejzor.

—Un barco incendiándose —dijo el mismo hombre polaco al otro lado del corredor del alojamiento de
los Rozencwajgs. Lejzor pensó que este hombre tendría
la misma edad de su padre. Estaba bien vestido, usaba
un bigote cuidadosamente peinado y había servido en el

ejército polaco. Ahora se dedicaba al cultivo de repollos y lo habían animado para migrar a Brasil. Había estado ansioso por salir de Polonia.

Lejzor observó cuidadosamente la bola de luz; ahora podía apreciar las llamas.

¡BooM!

La pequeña bola de fuego explotó como una castaña en una hoguera. Algunos pasajeros suspiraron. Muchos susurraban en un continuo murmullo.

—La máquina —dijo el hombre del bigote—. Acaba de explotar.

Los pasajeros observaron un tiempo. *La Belle Isle* navegó un poco más cerca del casco destruido, dándoles a todos una mejor vista de cómo las llamas envolvían el barco.

—Le dispararon un torpedo —dijo el polaco—. Pudo haber sido un barco americano.

—¿Y los sobrevivientes? —preguntó Lejzor. El polaco meneó su cabeza y se fue. Muchos alrededor de Lejzor permanecieron en silencio, pero escucharon con claridad. Otros deambularon alrededor de la cubierta, ansiosos como si se sintieran atrapados. ¿Todavía estaría el submarino por ahí? ¿Serían ellos los siguientes?

—No tenemos a dónde ir —dijo su madre. Se veía tan pálida como la Luna. Lejzor podía imaginarse el agua salada inundando el barco. Él sabía que era posible. Mientras estuvieron en Lisboa, tuvo mucho tiempo para explorar *La Belle Isle*. Gracias a Kazimierz, aprendió lo básico de un barco: popa (atrás), proa (adelante), estribor (derecha) y babor (izquierda). Aprendió que el cuerpo del barco, el casco, tenía una película de agua muy ceñida, conocida como "la concha".

Kazimierz le permitía al muchacho que lo siguiera abajo donde podía ver parte de los travesaños, el armazón o los marcos que contorneaban el barco. Lejzor estaba emocionado: era como estar dentro de las costillas expuestas de una ballena. Disfrutaba aprendiendo cómo funcionaban todas estas cosas.

—En la sección media los travesaños del barco están más cercanos para soportar el peso extra —le había explicado Kazimierz. Al tripulante le encantaba hacer de profesor: rompía la rutina. Le explicaba cómo la parte más profunda del barco tenía un espacio vacío. Por encima de este espacio, se almacenaba la carga, en un sitio conocido como segundo fondo.

Pero nada de esto podría evitar que un torpedo abriera un gran hoyo en el casco del barco. Kazimierz se lo había confirmado, silenciosamente, sin que Lejzor se lo hubiera preguntado.

La Belle Isle navegaba más y más lejos del barco incendiado. Durante más de una hora, el muchacho de doce años observó el resplandor, hasta que se desvaneció. Tal vez el barco se había hundido.

La idea lo paralizó de terror.

Excepto por el rayito de luna, estaba sumamente oscuro. Los sonidos del océano se sentían amenazantes,

como si el mar estuviera esperando para tragárselos. Muchos de los pasajeros no podían dormir. Algunos se negaban a dejar la cubierta, incluyendo a la madre de Lejzor. Rápidamente llevó a los niños a la habitación oscura, apenas el tiempo justo para que tomaran unas mantas. Esa noche, dormirían sobre cubierta, donde era más tibio y confortable, y más lejos del agua. Aparentemente, ella había decidido darle una oportunidad al grupo de portugueses.

A Lejzor le pareció estupenda la idea de dormir en la cubierta. ¿Qué tan frecuentemente puede uno acostarse a ver el inmenso tapete de estrellas? Se sintió menos temeroso entre la multitud de personas. La brisa, suave esa noche en particular, fue mejor que la olorosa del tren atestado. Ciertamente era mejor que el camarote mal ventilado donde se dificultaba respirar y los ruidos del océano resonaban toda la noche.

Lejzor sintonizó sus oídos con el firme zumbido de la máquina del barco. Era un ruido constante, bajo. Se sentía hambriento porque la "cena" había sido queso y galletas. La comida comenzaba a escasear. Finalmente, el cansancio se abrió paso entre el hambre y el temor a los torpedos. Se quedó dormido.

El crucero, 2004

La cena duró una eternidad. Parecía como si los meseros fueran más lentos que de costumbre llevando los rollos. Cuando llegaron, Louis tomó un gran mordisco sin molestarse por cubrirlo con mantequilla. Nunca comería ensalada, por supuesto. Se engulló la única bola de glaseado italiano en dos bocados. Habría pasado gustosamente el plato de pollo, arroz y vegetales, pero sus padres insistieron en tres saludables cucharadas de cada uno antes de que fueran devueltos.

Roger bizqueaba, torcía su cara e inclinaba la cabeza haciendo señas. Estaba decidido: "Es hora de salir de aquí".

—¿Puedo retirarme? —preguntó Louis luego de comer tres cucharadas de postre. Roger hizo lo mismo, y una vez que obtuvieron permiso para levantarse, los dos muchachos corrieron como flechas a través del enorme y elegante restaurante.

—Sígueme —dijo Roger.

Louis se apuró. Parecía que corrían por correr, ¿o estaban escapando? Salieron disparados a través de la cubierta de paseo del centro comercial cercano.

—¿Adónde vamos? —preguntó Louis sin aliento. Pasaron el cuarto de juegos, hicieron una curva a la izquierda y empujaron las puertas dobles.

—Mira —dijo Roger.

Le señaló algo. Ante ellos estaban colgados los botes salvavidas, apilados en parejas. Afuera, estaba todo en calma, a excepción de los vientos.

Roger sonrió.

—Es fantástico para trepar.

—Mejor no —dijo Louis algo precavido.

—Solo un momento —insistió Roger—. Juguemos a que somos hombres rana. Debemos infiltrarnos en el campo enemigo. Está lleno de criminales. Si no les pagan millones de millones de dólares, van a lanzar una enorme bomba.

Los dos muchachos se abrieron paso rápidamente entre los botes salvavidas colgantes. Se agacharon para que no los vieran. Louis sabía que no lo debía hacer. Pero seguro sentía emoción al romper algunas reglas. Contó en silencio hasta sesenta. Ahora estaba listo para obedecer de nuevo las reglas. Quería jugar los videojuegos del barco, especialmente uno en el que mataban tiburones devoradores de hombres.

—Regresemos al salón de juegos —dijo Louis. No hubo respuesta. Louis dijo de nuevo:

—Esta noche están haciendo dibujos y artesanías en el salón para niños.

—Estoy aburrido de todo eso —dijo bruscamente Roger, empezando su frase con un ligero resoplido.

—¿No te gusta este barco? —dijo Louis—. ¡Es fantástico!

Siempre es lo mismo. Haces lo que ellos quieren.

—¿En cuántos cruceros has estado?

—No sé. ¿Diez? Venimos todos los años. A veces dos veces al año.

Louis estaba atónito. La familia de Roger debía tener cantidades de dinero.

—A papá y mamá les gustan los spas y los salones de ejercicios —continuó Roger—. Adoran esos tontos espectáculos y las degustaciones de vino y comer elegantes cenas aburridas —estaba más charlatán que lo usual.

—¡Ahh! odio usar este traje en la cena —dijo Louis—. Pica.

Roger asintió. Luego agregó:

—Por lo general me dejan en los sitios para niños. Para deshacerse de mí.

Louis se sintió mal. Sonaba como si Roger solo quisiera quedarse en casa, tal vez jugando un juego de mesa con sus padres. Louis también viajaba mucho, generalmente porque papá y mamá tenían negocios qué hacer. Pero estos viajes incluían visitas a un parque acuático o a un museo para niños. Sin embargo, él anhelaba permanecer en casa, sin eventos programados.

—¿Cuál es nuestra misión? —preguntó Louis, rompiendo el silencio.

—Primero, tenemos que salir de aquí sin que nos vean —dijo Roger.

Los dos espías internacionales asomaron sus cabezas, lentamente. No había moros en la costa. Roger saltó a la cubierta de madera, luego se arrastró sobre el corredor de sillas desocupado y se pegó sigilosamente a la pared. Se agachó justo debajo de la ventana.

Louis estaba a punto de saltar, pero alguien abrió la ventana por encima de Roger, de modo que él se escabulló de nuevo dentro del barco. ¡Era divertido! Era un juego inventado por ellos mismos. No había sido diseñado por consejeros adultos del crucero para cada niño a bordo. El abuelo Lejzor debió inventarse algunos juegos cuando era niño.

Louis asomó su cabeza. No había chicos malos patrullando. Saltó fuera del bote salvavidas y dio un par de piruetas sobre la cubierta de madera. Tan ágil como una araña, se arrastró a través de la cubierta y cayó de cabeza al lado de Roger. Por encima de sus cabezas venían dos pasajeros, esta vez un par de ancianas, que paseaban lentamente por la amplia vidriera. *Los tipos malos* se detuvieron un momento, miraron al mar y luego se fueron.

—¿Ahora qué? —preguntó Louis.

—Sígueme.

Se arrastraron a través del barco por aproximadamente veinte minutos. Pasaron zumbando corredor abajo, sin que los detectaran. Pasearon por una sala de adultos, como si fuera habitual que estuvieran allí, luego dieron botes en el gran teatro, antes de que se iniciara la función. Esquivaron a la tripulación, arrastrándose a través de un pasillo de asientos.

Se acercaron sigilosamente a dos escaleras elegantemente alfombradas, y se detuvieron. Un hombre en traje formal, uno de los villanos principales, bajaba un tramo. Los chicos se arrinconaron contra la pared, incapaces de esconderse. El hombre pasó aprisa, sin fijarse en ellos.

Todo estaba despejado. Los dos espías bien vestidos salieron correteando a una de las tres piscinas del barco. Estaba desocupada. Cuatro luces en el fondo, daban un resplandor de anguila.

—¿Ahora qué? —preguntó Louis.

Roger lo miró. Un remolino ondulante de luz reflejada en la piscina iluminaba su cara. Lo miró como si fuera un científico trastornado. Louis no podía parar de reírse. Esto era más divertido de lo que había imaginado. No sentían la brisa refrescante. Estaban acalorados por todo lo que habían corrido.

—No tenemos más salida que ir alrededor de la piscina —dijo resueltamente Louis.

Roger sonrió y susurró:

—Sígueme.

El amigo de Louis se detuvo. Puso un pie por delante del otro y caminó a lo largo del borde de la piscina, como si fuera una cuerda floja. Louis lo siguió. Avanzaron diez pasos; el siguiente obstáculo delante de ellos era el trampolín.

—Espera —dijo Louis. Pasó por delante de Roger y se trepó al trampolín. Luego siguió caminando cerca del borde, se arrastró hacia abajo, y trató de colgarse de la estructura de abajo.

—¿Estás loco? —dijo Roger perplejo—. Si te caes vas a mojarte.

—No es agua. Es lava —dijo Louis con una voz extraña. Ahora era un espía con una misión genuina—. Si caemos, moriremos, de modo que no podemos caer.

Louis se tendió sobre la plataforma del trampolín, balanceó su pierna izquierda y la pasó por debajo. Iba a colgarse de la base mientras se balanceaba de derecha a izquierda y luego regresaría arriba de nuevo.

Roger miraba. Desde abajo, Louis se agarraba con brazos y piernas del trampolín fuertemente. El trampolín era un poco ancho, pero podía hacerlo. No era muy distinto de pasar sus brazos y piernas alrededor de su padre cuando él lo cargaba. Últimamente, a causa de su tamaño, su padre lo cargaba cada vez menos.

Ahora venía la parte difícil. Louis recargó su cuerpo hacia el lado izquierdo, y columpió su pierna izquierda por encima del trampolín. Su brazo izquierdo era suficientemente largo para agarrar el extremo opuesto del trampolín, de modo que podía impulsarse hacia arriba.

—¡Lo hice! —gritó Louis.

—¡Shhh! —dijo Roger—. Vas a delatarnos

Louis se sentía fuerte, capaz de hacer casi cualquier cosa.

—Rápido —dijo—. Vienen los guardias.

—¿Ah? —dijo Roger. No veía ningún guardia.

—La siguiente piscina está llena de tiburones.

Louis se retiró. Roger lo siguió. En dos minutos, llegaron a la siguiente piscina sin que nadie se diera cuenta. Rápidamente, Louis se quitó su camisa y sus pantalones.

—¿Qué estás haciendo? —preguntó Roger.

—¡Vienen los guardias! —susurró.

Louis, en ropa interior, subió la escalera. El trampolín era bastante más alto que el anterior. Se paró en el borde, mirando hacia abajo. El agua estaba tranquila. Nunca antes había intentado lanzarse de un trampolín.

—¿Estás loco? ¡No! —gritó Roger.

¡SplaSH!

Louis se lanzó de cabeza a la piscina.

Desde que había aprendido a nadar, lo emocionaba el primer contacto con el agua. Se sentía un gran choque, luego alivio, como mientras se pasa de un mundo al otro. No había vuelto a sentir temor.

Para probarse, Louis nadó bajo el agua lo más lejos que pudo. Los "guardias" podían verlo. Tenía que nadar rápido, antes de que los tiburones lo detectaran. Él podría hacerlo, sabía que podría.

Los oídos comenzaron a molestarle, de modo que renunció al desafío. Ahora que podía nadar, gracias a Rich, nadó estilo libre hasta el otro extremo de la piscina. Era fácil.

Roger estaba parado, con su boca abierta como la puerta de una trampa.

—¡Estás loco! —dijo riéndose a carcajadas y agarrando la ropa seca de Louis—. ¿Qué les dirás a tus papás?

—Por eso me quité la ropa —respondió Louis mientras salía de la piscina—. Mira.

Louis señaló una silla perezosa desocupada. Tenía colgada una toalla en el espaldar. Aparentemente, nadie la había recogido. Tal vez era una señal: estaba escrito que esta noche debía lanzarse desde el trampolín.

—Voy a secarme —dijo Louis.

—¿Y el pelo?

—Uh... pues solo regresaré cuando se seque. No tardará mucho.

Louis se vistió.

—¿Vas a bañarte? Roger —preguntó.

—Ni loco —respondió él—. ¿Y los guardias?

Encontré otra ruta. Vamos, antes de que nos agarren.

El juego seguía, sin duda. Primero, los muchachos se arrastraron a través de las sillas perezosas alineadas cuidadosamente. Luego bajaron con sigilo las escaleras entapetadas.

Louis se pasaba los dedos entre el pelo, tratando de peinarlo lo mejor posible. Los muchachos llegaron al corredor y se detuvieron. Los espías internacionales habían sido atrapados. Acercándose a ellos, venían sus padres, con caras muy serias.

El pelo de Louis estaba casi seco. Pero entonces, miraron hacia abajo: su ropa interior mojada se había filtrado a través de sus elegantes pantalones.

Dakar, 1939

El fuego ardía por todas partes. Se diseminaba por toda la cubierta, como si el barco se hubiera puesto furioso. Lejzor se agarró a la barandilla. Debajo, ¡el océano estaba congelado! ¿Cómo iba a poder saltar? Estaba solo y completamente rodeado por las llamas.

Buscando una ruta de escape, Lejzor observó el puente del capitán. Se veía cerca. A través de la ventana vio a un niño que también lo miraba, completamente tranquilo. La cara del muchacho estaba llena de pecas.

Lejzor se despertó. Al menos pensó que lo estaba. Enceguecido por la luz, sus ojos no podían ver bien, ¿había fuego o el barco había sido alcanzado por un torpedo?

Solo era una mañana muy soleada. Más despierto, se sentó lentamente. Todo parecía detenido.

—¿Por qué no está moviéndose el barco? —preguntó a su madre y a su hermana.

—Acabamos de llegar a Dakar —respondió Ester—. ¿Tuviste una pesadilla?

—Si —respondió el niño.

Lejzor tardó un momento para acostumbrarse. Estaban en otro astillero. Estaba abrumadoramente soleado y mucho más caliente que lo habitual. Su estómago reclamaba el desayuno. Se levantó y entrecerró los ojos para ver más allá de la cubierta de madera y el pasamanos de acero. El niño de Europa Oriental vio inmediatamente un par de trabajadores en el muelle, esperando para entregar la carga en el barco.

—Mira —dijo atónito—. La gente es negra.

Toda la familia miró por encima de la baranda. Aparte de Lejzor, nadie lo había notado antes. En efecto, los dos estibadores eran negros.

—¿Usaron una pintura? —preguntó Frajda—. ¿Puede quitarse?

—No, por supuesto que no —dijo Tania—. Es el color de su piel. La mayoría de la gente en África es negra.

—¿Por qué? —preguntó Lejzor.

Ella se encogió de hombros.

—¿Porque ¿pasan más tiempo al sol?

—¿Ustedes de dónde son? —preguntó el polaco viajero que estaba en el camarote cerca de los Rozencwajgs. Había estado oyendo su conversación.

—Piaski —respondió Tania.

—¿Nunca habían viajado antes? —preguntó el hombre.

—Fui una vez a Cracovia —respondió ella—. Los niños no. Este es nuestro primer viaje fuera del país.

—Eso lo explica —dijo él riendo—. ¿Nunca habían visto gente negra?

Tania y Ester se miraron apenadas. Lejzor estaba atento.

—También en Brasil muchos son negros —les dijo Tania a los niños.

—¿Son negros? —preguntó Frajda.

Surgió una discusión. Todos voltearon sus cabezas al tiempo, como gatos en un callejón. Dos pasajeros, marido y mujer, estaban suplicándole a un tripulante. Para sorpresa de Lejzor, la pareja hablaba en alemán.

El tripulante parecía incómodo, como si entendiera perfectamente el alemán y deseara no entenderlo. Les respondió en francés, y al final, una frase breve en alemán. Luego se fue.

La pasajera cayó de rodillas en la cubierta.

—Por favor, no nos envíen de regreso —suplicaba en yiddish.

Lejzor entendió eso. Trataba de escuchar, pero un tripulante estaba diciéndoles a todos los que no estaban involucrados directamente, que abandonaran la cubierta y bajaran.

—¿Qué pasó con el hombre y la mujer? —preguntó Lejzor en el camarote.

—Tenían pasaportes alemanes —respondió su madre—. El capitán temió que fueran espías.

—Ella habló en yiddish —dijo Lejzor.

Su madre asintió. Se veía muy molesta.

—Los están deportando a Alemania —dijo pausadamente. Nadie dijo una palabra por cerca de un minuto.

—¿Realmente son espías? —preguntó Lejzor—. No lo perecen.

—No sé —respondió su madre.

—Ella habló en yiddish. ¿Cómo podrían ser espías alemanes?

Su madre titubeó, y dijo:

—No conocemos toda la historia.

—Hablemos con el capitán.

—¿Por qué nos pondrían atención? —respondió Ester.

—Es mejor que estar aquí sentados sin hacer nada —dijo Lejzor—. El capitán es un hombre insensible.

—¡No es asunto nuestro! —replicó su madre—. ¡La pareja ya se fue!

Lejzor dejó caer su cabeza y guardó silencio. Se preguntaba: "¿Qué iría a pasar con esa pareja?".

Pensó de nuevo en el barco en llamas de la noche anterior.

El crucero, 2004

◆ Ohh! fue todo lo que Louis pudo decir. Sus padres estaban esperando, mirándolo con caras petrificadas. Los padres de Roger estaban mirándolo de la misma forma, mientras este evitaba el contacto visual. Todos estaban de pie en el largo corredor vacío. No había prisa por irse, no había escapatoria; el aire acondicionado estaba al máximo. ¿Por qué la gente necesita aire acondicionado en la noche?

—¿Hueles a cloro? —preguntó su papá—. ¿Por qué estabas en la piscina?

Louis tenía todo el tiempo del mundo para responder, si solo pudiera pensar en una respuesta...

—¿Sin salvavidas? —explotó su madre—. ¡Te fuiste por una hora!

—¡La próxima vez nos avisas! —dijo bruscamente la madre de Roger. Los padres que Roger calificaba como indiferentes, dijeron un rápido "Buenas noches" y se fueron por el corredor, casi arrastrando a Roger tras ellos. Esta familia prefería soltar su ira tras las puertas cerradas. Los padres de Louis prefirieron seguir donde estaban.

—¿Por qué estabas nadando en la piscina a estas horas? —gritó su madre.

—La gente se ahoga en las piscinas en cualquier momento —dijo su padre. Silencio. Se había desvanecido toda esperanza de que respaldara a su hijo.

Su madre se quedó mirándolo de nuevo, y dijo:

—¡Hay tantas actividades! No necesitas hacer cosas estúpidas como esta... ¿por qué lo hiciste?

Otra vez esa pregunta. Otra vez ellos esperando. Esta era la peor parte. Tenía que explicar lo que no podía explicar. Cuando se deshizo el nudo de su garganta, Louis dijo:

—Yo, yo estaba aburrido.

—¿Aburrido? —dijo su madre—. ¡El barco tiene de todo!

—¡Madura! —refunfuñó su padre. Raramente se disgustaba tanto como en ese momento—. ¡No puedes estar jugando cada segundo de tu vida!

—La vida es aburrida algunas veces —dijo su madre.

—¿Y qué si lo es? —gritó su padre—. ¿Crees que eso te va a matar?

Su padre hizo una pausa, luego dijo:

—Mañana vas a estar todo el día en el camarote. Sin actividades, sin T.v., sin caricaturas, sin computadores.

Solo puedes leer. Mejor aún, no hagas nada. Así tendrás una idea de lo que tuvo que pasar tu abuelo cuando estuvo en un barco.

Louis solo seguía ahí.

—¿No tienes idea de lo que tuvo que pasar, verdad? —preguntó su padre—. ¿Crees que tu abuelo tenía de todo?

Ahí venía otra vez: esa comparación fastidiosa entre la vida de antes y la vida de hoy. ¿Quién puede con eso?

—Escribe sobre esto en tu reporte mañana. Ahora, ve a quitarte la ropa y báñate.

Sus padres se alejaron. Solo el aire acondicionado permanecía. Se quedó solo por un momento, temblando, luego los siguió.

Dakar, 1939

Al día siguiente, la tripulación anunció: ¡Todos los pasajeros deben salir de *La Belle Isle*! Los transbordaron en otro barco anclado en el puerto. *La Belle Isle* dejó Dakar; volvería en cinco días. ¿Por qué? Nadie lo explicó. Muchos se preocuparon. ¿Y si el barco no regresaba nunca?

Durante siete días espantosos, los Rozencwajgs y todos los demás permanecieron sentados en un barco fondeado en el puerto de Dakar. Lejzor estaba enfadado, cansado de los barcos, cansado de esperar, cansado del hambre. También estaba aburrido de no tener amigos. El grupo de portugueses, por lo general, no departía con nadie. Estaba hasta el copete de jugar golosa y manitas con Frajda. Ester no quería volver a jugar a las escondidas ni a ningún otro juego. Todo era increíblemente aburrido.

Lejzor estaba en la proa del barco. Entonces miró hacia arriba. Un cable de acero gigantesco corría desde la punta de la proa hasta la cima del mástil frontal. Las cuerdas de acero estaban tejidas, como si fuera una soga muy grande, fácil de agarrar y de trepar.

¡Claro! ¿Por qué no lo había hecho antes?

Lejzor miró a todas partes. Para su sorpresa, estaba solo.

Agarró el tenso cable. Se impulsó, y envolvió sus piernas alrededor. Estiraba sus brazos y empujaba su cuerpo como si fuera un gusano a lo largo del cable. ¡Era divertido! Solo tenía que mantener sus piernas bien agarradas. Era fácil.

El viento se sentía fuerte en lo alto. El cable se bamboleó. Lejzor se preguntó si podría trepar hasta la cima del mástil, y luego deslizarse hacia abajo sin que lo vieran. Sería su secreto.

El cable, grueso y rústico, era muy fácil de agarrar. Trepó un trecho más. Entonces vino un golpe de viento fuerte. Lejzor se vio sacudido arriba y abajo, pero se sostuvo. ¡Era genial!

—¡Bájate de ahí! ¡Ahora! —gritó una voz en polaco. ¡Kazimierz había regresado! ¿*La Belle Isle* había vuelto?

—¡Vamos, baja! —ordenó Kazimierz. Estaba enojado. Lejzor sintió miedo. Por supuesto, el rato divertido había terminado. Tomó una bocanada de aire, y se deslizó hacia abajo.

Entonces se hizo una herida, una profunda, a lo largo de la palma de su mano. Debía haber alguna hebra de acero desprendida. Lejzor se miró la mano. Salía mucha sangre por la cortada. Entró en pánico. Las piernas se le soltaron, forzándolo a quedar colgado de una mano.

—¡Cuidado! —gritó Kazimierz, que estaba debajo.

Por un momento, Lejzor pensó que iba a caerse. Se sostuvo. Sacando fuerzas de donde no las tenía, columpió de nuevo sus piernas alrededor del cable. Respiraba profundamente, mientras bajaba con lentitud. Antes de tocar el piso, Kazimierz lo bajó del cable.

—¡Vamos, rápido! —dijo el marinero, mientras sacaba su pañuelo para envolver con él la mano sangrante de Lejzor.

———

—¿Eres estúpido? —dijo Kazimierz, terminando de vendar la mano de Lejzor en el camarote de la tripulación—. Hubieras podido romperte las piernas desde esa altura, o la espalda. Créeme, tú no querrías que los doctores de Dakar te atendieran.

Lejzor guardó silencio.

—Lejzor... —Kazimierz se detuvo, como si necesitara ordenar sus pensamientos—. ¿Tienes alguna idea de lo que los alemanes les hacen a los judíos en Polonia?

—¿Qué quieres decir?

—¿No sabes?

Lejzor no sabía.

—Polonia se rendirá ante Alemania muy pronto. Ya lo anunciaron.

Lejzor estaba conmocionado. Solo miraba a la pared blanca de acero frente a él.

—¿Ves? Ustedes salieron justo a tiempo.

Lejzor se preocupó. Su madre y sus hermanas todavía no tenían idea de si su familia estaba a salvo en sus casas en Polonia.

Kazimierz esperó un momento, y luego dijo:

—Habrá millones que matarían por tener la suerte de ustedes. ¡Y tú la desperdicias! ¿Qué es lo que pasa contigo?

Lejzor seguía callado.

—Tienes un futuro en Brasil. Puedes hacer algo estupendo. ¿Quién sabe? En estos días, ¡tener futuro es un gran regalo!

Lejzor recordó cómo el verano anterior en Polonia, el abuelo Bron se había tomado el tiempo para contestarle su pregunta sobre el colegio. El viejo se había quedado parado en el jardín trasero, mirándolo. El poni blanco estaba comiendo heno.

—*No creo que vayan a abrir la escuela en septiembre* —dijo el abuelo Bron después de una larga pausa. Tenía una extraña mirada.

Ahora Lejzor entendía por qué: el abuelo Bron sabía que Polonia no sería libre.

Lejzor recordó lo que sucedió después. Su abuelo quería hablar. Se sentaron en dos taburetes de madera que guardaban en el jardín trasero. Era su sitio favorito; ahí estudiaba con frecuencia el Torah.

—Sé que estás molesto por tu Bar Mitzvah.

Era verdad. Lejzor estaba enojado.

—Es difícil decir si podrás seguir tus estudios en Brasil. El abuelo Bron hizo una pausa. Lejzor lo observaba. Una mosca aterrizó en la rodilla del viejo. Él la espantó.

—Ahora mismo... —el abuelo Bron titubeó— debes convertirte en hombre ahora mismo. Sin estudiar. El estudio es muy importante, pero sobrevivir lo es más. Este viaje será largo. No será fácil, por eso quiero que me prometas algo: vas a cuidar a tus dos hermanas y a tu madre. Ellas van a necesitarte.

Lejzor entendió. Lo prometió. De la cara surcada de arrugas del abuelo Bron, una cara que frecuentemente era severa en vez de amigable, como lo había notado varias veces antes su nieto, surgió una sonrisa de aliento.

Entonces dijo:

—Aunque pienses que estamos lejos, siempre estaré contigo.

El abuelo Bron le hizo una seña con la cabeza: impulsivamente, se abrazaron. No se separaron de inmediato, ni siquiera cuando esa mosca fastidiosa aterrizó de nuevo sobre el brazo descubierto de Lejzor, y le hizo cosquillas.

Sentado todavía en el cuarto de la tripulación, Lejzor miraba sus vendajes mientras Kazimierz limpiaba. Se sentía muy avergonzado. ¿Había roto la promesa hecha a su abuelo solo porque estaba aburrido? Lejzor hizo una promesa: sería más cuidadoso; trabajaría duro en Brasil; haría todo lo necesario para sobrevivir.

Su madre debería haberle gritado, pero no era el momento. De hecho, *La Belle Isle* había regresado, como lo prometieron. Todos los pasajeros estaban felices de cargar sus equipajes otra vez a través del muelle y de reorganizarlos en sus camarotes. Lejzor usó su mano sana para llevar su carga.

La Belle Isle abandonó Dakar al atardecer. Por fin, era la última parte del viaje: de África a Brasil. Se sentía un gran alivio de volver a moverse, aunque el barco se bamboleara un poco.

Pero cruzar el océano Atlántico Norte, era arriesgado. Los submarinos alemanes estaban sumergidos por todas partes, según había oído la gente. Como precaución, *La Belle Isle* se desviaría bastante hacia el sur, manteniéndose cerca de la costa de África, y luego cruzarían al oeste, a través del océano Atlántico Sur antes de dirigirse hacia arriba al puerto al norte del Brasil, Recife. Solo entonces, el barco viajaría de nuevo al sur, a Río de Janeiro. Esto le sumaría al viaje al menos otra semana; el viaje se había prolongado cerca de tres semanas de la programación inicial. Algunos pasajeros rezongaron: si pudieran viajar directamente a través del Atlántico de Dakar a Recife, el viaje duraría dos días.

La madre de Lejzor insistió en que esa noche durmieran en la cubierta, con la ropa puesta, y cerca de los botes salvavidas. Ya no sentía temor de los viajeros portugueses.

Tal vez la aterrorizaba más el ataque de un submarino alemán. Ella no era la única. La cubierta se llenó pronto de pasajeros nerviosos que por seguridad se agrupaban. Por todas partes se esparcieron gente, camas y mantas. Parecía una sala de emergencias provisional.

Lejzor sentía dolor en su mano, pero se negaba a quejarse en voz alta. Incapaz de dormir, estaba de pie, mirando al océano. Estaba muy tranquilo. La luna llena estaba preciosa esa noche.

Estuvo mirando el mar por largo tiempo. Entonces lo vio, mezclándose con una ola: vio la cara de un muchacho: pelo castaño, algunas pecas, ojos azules. El muchacho había regresado. Espantado, se estremeció, luego entrecerró los ojos. ¿De verdad estaba viendo esto? No, debían ser los efectos del hambre y de un persistente dolor de cabeza.

Una ola iba y venía; y con ella, la cara evaporada. No reconocía quién era. Tal vez, un día vería a esta persona.

Lejzor miró en todas direcciones. La mayoría en la cubierta, estaban dormidos. Afortunadamente, los pocos ronquidos eran ahogados por la tranquila brisa marina. Se sintió solo y triste. Ojalá terminara este viaje. Entonces, vino a él un pensamiento nuevo: "estos días tan malos, pasarán". Pronto comenzaría una vida nueva, y habría mucho qué hacer.

En el mar, 1939

Era inevitable: seis días de un clima grandioso, y luego venía la tormenta. Sin ninguna advertencia, una ola tras otra azotaban el barco y tiraban a los pasajeros y a la tripulación al piso.

—Manténgase abajo —les gritó Tania a sus empapados y congelados hijos.

—¿Y si aparecen los submarinos? —gritaron al unísono Lejzor y Ester.

—Ellos no atacarán durante una tormenta —gritó un pasajero empapado que los estaba oyendo.

—¿Quién dice que no lo harán? —preguntó otro—. Bajo el mar no hay tormenta.

Alemanes o no, todo el mundo se agolpaba para salir de la cubierta y llegar a los camarotes a través de las estrechas puertas de entrada. No era una retirada por gusto. Un olor nauseabundo (a sudor, a vómito y a aquellos que nunca habían dejado los camarotes y no se habían bañado) ahora los tenía prisioneros. Allá abajo no había brisa. Lejzor y su familia buscaban aire fresco.

Lejzor se sentó en el extremo oscuro, tapándose la nariz y tratando de mantenerse tibio. El agua salada había empapado sus vendajes y le ardía la herida de su mano.

A veces no podía dejar de pensar en eso: un torpedo aplastando el casco, grandes trozos de acero destrozado, el agua entrando a borbotones. Sus temores siempre se hacían peores en las noches, en el camarote, en la oscuridad. Odiaba la oscuridad. Parte de él deseaba que un torpedo los golpeara. Entonces, podrían dejar de temerle al terror, sabrían cómo era realmente. Sabía que no debía pensar así, pero lo hacía. Así de cansado lo tenía el viaje. Pero Lejzor nunca compartió esos pensamientos.

—A veces, desearía haber sido un pez —dijo. Su madre y sus hermanas se rieron.

Al día siguiente, la tormenta se disipó; siempre se disipaban. Pero el hambre no. La tripulación les repartió medias raciones; todo lo que tenían era unas cuantas galletas. Las jaquecas y las náuseas eran frecuentes. Los pasajeros se quejaban todos los días de la falta de comida y de la estupidez del capitán. Durante los siete días que estuvieron en Dakar, ¿nadie hizo nada para aprovisionar el barco? ¿Qué clase de idiota era este capitán que nadie había visto? ¿No le importaban sus pasajeros?

El tener menos comida, era de cierta manera conveniente: sería la preparación para el *Yom Kippur*. Tania les recordó a los niños el día más sagrado del año. Todos los judíos adultos y los niños de más de 13 años guardaban ayuno durante 24 horas, a menos que no pudieran hacerlo por motivos de salud. El año anterior, Lejzor había pasado el ayuno para el *Yom Kippur* al lado de su madre. Sintiendo hambre todavía, pensó que todo el viaje había sido como el día más sagrado del año.

—Mientras lo hacemos, hablen en voz baja —les dijo Tania a los niños—. Es difícil decir en quién podemos confiar en este barco. Sacó una copia del *Torah* de un pequeño forro.

—Escojamos las secciones más importantes —dijo Ester.

Lejzor y Ester se turnaban para leer. Tania leía unas pocas frases clave que había memorizado de los servicios en la sinagoga. Todos escuchaban, hasta Frajda. Lejzor admiraba la cuidadosa atención que prestaba su hermanita de seis años.

Sin haberlo planeado, la familia permaneció durante horas en su camarote leyendo, tomando descansos, reconociendo pecados, pidiendo perdón. Lejzor pidió perdón por treparse al cable y arriesgar su vida. Fue perdonado.

Leyeron bastante. Unas veces, entendían lo que leían, otras veces no. Si Ester no conocía el pasaje, Lejzor trataba de ayudar. Si desconocían la palabra, la saltaban y seguían. Mantuvieron bajas sus voces. Nadie en el barco podía oírlos. Nadie sabía de ellos.

Cuando finalizaron, en la parte en que era el momento de soplar el *shofar*, estaba atardeciendo. El último rayo naranja del sol fue suficiente para mantener iluminado el camarote, de modo que Lejzor pudiera leer la inscripción hebrea del *Torah*. Pero no tenían un *shofar*. ¿Dónde podrían conseguir algo que se asemejara al cuerno de un carnero a bordo de un barco en la mitad del océano Atlántico Sur?

Entonces ocurrió un verdadero milagro. Casi en el mismo momento en que debía soplarse el *shofar*, el barco hizo sonar las sirenas de niebla. Los Rozencwajgs se miraron estupefactos, y luego rieron. No podían creer que sucediera en el momento perfecto. Aparentemente, había otro barco cerca; tenían que advertirles para evitar una colisión en el mar. Tal vez Dios estaba observándolos. Ciertamente, parecía así. Finalmente, todos pidieron sus deseos para el Año Nuevo.

Cuando llegó por fin el momento de romper el ayuno, Tania sacó algunas galletas. Animó a los niños a que las comieran lentamente, porque eran lo último que tenían. Todos lo hicieron.

—Todavía tengo hambre —dijo Frajda unos minutos después.

—Lo sé, cariño —dijo su madre—. Todos tenemos.

—¿Tendremos hambre para siempre?

Tania miró a su hija pequeña, luego sonrió y le dijo:

—Cuando lleguemos a Brasil, te prepararé tanta comida, que vas a necesitar a toda tu familia para que te ayude a consumirla.

Frajda sonrió al imaginarlo.

—¿Cuándo llegaremos a Brasil? —preguntó.

Tania acarició el pelo de su hija menor.

—Pronto. Debemos ser pacientes.

—Tengo hambre ahora —lloró Frajda. Su madre le ofreció su última galleta a su hija, y la abrazó suavemente. Al parecer, eso ayudó.

—*Shana Tovah* —les dijo Tania a sus hijos, para desearles un feliz Año Nuevo. Cansados, todos se quedaron dormidos rápidamente.

Juegos como la lleva, escondidas, u otras distracciones, no duraban mucho. El hambre nunca desaparecía; solamente iba y venía en distinta intensidad. Luego de un tiempo, los Rozencwajgs y todos los demás se habían habituado lo mejor posible a la falta de comida.

Todos, excepto los poco más de 20 personas que estaban en primera clase. Parecía que ellos tenían comida en abundancia.

Lejzor decidió investigar, después de oír más y más sobre el exclusivo restaurante para los pasajeros de primera clase. Juntando sigilosamente un par de sillas, echó un vistazo a través de la puerta principal. No había nadie alrededor.

El pequeño restaurante se veía fabuloso. Nunca había visto un salón tan elegante: manteles blancos, asientos blandos y confortables, paneles de madera para las paredes, brillantes pomos de bronce para las puertas. El lugar era tan tranquilo como una sinagoga. La gente comía lentamente y hablaba en susurros.

Esto fue durante el desayuno. Lejzor vio el plato de un pasajero: un *omelet* con salchicha, queso, pan francés, y un vaso de jugo de naranjas recién exprimidas. ¿De dónde venía toda esa comida? Él solo tenía unas galletas para mordisquear. ¿Por qué no podía atiborrarse de omelet con salchichas?

¿Salchichas? Las salchichas no eran *kosher*, así que ¿en qué estaba pensando? Lejzor nunca probaría esa comida prohibida. ¿Cierto? Recordó el divertido sueño de su madre allá en Piaski. Pero estaba ahí, jugosa, sola, en el plato del pasajero, luciendo tan irresistible.

¿Comerse esa salchicha, realmente haría desaparecer esa sensación de hambre? Tal vez es una prueba, pensó Lejzor. Todo el viaje se sentía como una prueba, que no estaba seguro de pasar. No había estudiado nada para su *Bar Mitzvah* y el año siguiente cumpliría 13. Era muy posible que nunca lo recibiera. Entonces pensó en su amigo de Piaski, Simón. ¿Simón sería capaz de estudiar mientras su país era atacado?

—¡Fuera de aquí! —masculló un mesero francés que apareció de repente por la puerta del frente. Estaba vestido con un uniforme blanco reluciente; la ropa de Lejzor, usada varios días seguidos, daba lástima. Algunos pasajeros de primera clase estaban mirándolo. No era bien recibido; el muchacho se fue sin protestar.

Mientras se dirigía a su cuarto, Lejzor pensaba: "Habían recogido más comida en Dakar, ¡solamente para los pasajeros de primera clase!". Estaba furioso.

—Todos los barcos como este tienen pasajeros en primera clase —le había explicado su madre en el frío y apretado camarote—. Pagan más que nosotros, por eso tienen derecho a mejor comida.

—No es justo —dijo Lejzor en un momento de valiente rebeldía.

—Tal vez —dijo ella calmadamente—. Agradece por la comida que tienes. Sospecho que en Polonia, la gente pronto no tendrá qué comer.

Lejzor sabía que ella tenía razón. Hambrientos como estaban, tenían suerte de estar en el barco, tenían suerte de no estar atrapados en Polonia.

—Además —admitió finalmente Lejzor— tenían salchichas.

—¡Oh! —replicó su madre—. Entonces nosotros estamos mejor.

El muchacho mordisqueó su cuadradito de galleta de soda, una esquina cada vez. Imaginó que cada miga tenía el tamaño de su puño.

Piaski, 2004

Miró a todas partes. Nada. No había rastros del viejo cementerio. El guía local había señalado el punto. Ahora, el sitio no era más que un lote de estacionamiento sin pavimentar. Estaba sucio con goterones de aceite para carros. Hasta la última lápida había desaparecido. Por lo que Louis sabía, sus bisabuelos y otros ancestros habían sido enterrados ahí debajo. ¿Era este el mismo viejo cementerio que usaba su abuelo para jugar y para esconderse?

Ahora se había convertido en mercado. Por todas partes había basura y mercaderes. Los vendedores entraban y vendían CD piratas, radios baratos, baterías de cocina plásticas ordinarias, destornilladores, bananos y peras magulladas: basura inútil.

Entonces se fueron. Esto era Piaski un sábado; el *Shabbat* y los judíos se habían ido.

Louis se detuvo en una calle que tenía que estar cerca de donde era la casa de su abuelo. ¿Dónde estaba?

Desaparecida. Todo el vecindario se había perdido, bombardeado hacía décadas cuando el ejército de Stalin había expulsado a los nazis en 1945. El guía local lo explicó todo.

Llegar a Piaski tomó un tiempo. El crucero llegó a Lisboa según lo programado. Louis y sus padres se despidieron de Roger y su familia. Luego de dos días, volaron a Polonia. Aterrizaron primero en Cracovia. Ahí, Louis vio los primeros signos: el gueto judío Kazimierz. Esta parte de la historia preservada era ahora una película famosa que habían hecho unos años atrás, cuando Louis era muy joven para verla.

Luego tomaron el tren a Varsovia. Louis estaba admirado del Pueblo Viejo (*Stare Miasto*), un lugar con cientos de años que había sido destruido durante la Segunda Guerra Mundial y que habían reconstruido a partir de planos del terreno y de viejas fotografías. Si se miraba bien, Polonia tenía muchos recuerdos de la guerra, y muchos tributos para mantener vivo el pasado a pesar de la destrucción generalizada.

Piaski no había sido reconstruido. Los judíos nunca volvieron. Louis y sus padres se quedaron silenciosos en la calle. Su madre parecía sumida en sus pensamientos. Los turistas por lo general no llegaban allí. No había tiendas de regalos, solo un restaurante para los locales, y no había museos. Louis siempre pensó que los museos eran aburridos, pero ahora deseaba que este pueblo adormecido tuviera uno.

Trató de imaginar ese primer día del viaje del abuelo Lejzor: agosto, antes del amanecer, silencio. Los adioses deben haber tardado mucho tiempo. El caballo y la carreta que tomaron a Lublin debieron pasar por muchos baches, no por la carretera pavimentada de ahora.

Louis echó un vistazo al viejo vecindario, lo que le faltaba; entonces sus ojos se fijaron en la calle en la que estaba parado. Había llovido el día anterior y estaba encharcada. Louis se fijó en un charco. A veces, le resultaba muy relajante solo mirar y no pensar en nada en particular.

Entonces tuvo compañía: cerca de su cara había otra cara, el reflejo en el agua de un hombre que sonreía, y luego desapareció. ¿El abuelo Lejzor?

Sintió un escalofrío. Se dio vuelta rápidamente. No había nadie ahí. No estaba suficientemente cerca de su padre, o del guía, y no se había acercado ningún extraño. Volvió a mirar al pequeño charco. Él podría jurar que había visto un reflejo, pero se había ido. Se estremeció de nuevo. ¿Un espíritu? No acostumbraba creer en espíritus. ¿Alguien le creería? Tal vez su madre. Ella creía en esas cosas. Pero él prefirió no decir nada.

Casi era hora de irse. Esa noche, se quedarían en Lublin, luego viajarían al norte a Gdynia, como su abuelo, sus tías abuelas y su bisabuela lo habían hecho hacía sesenta y cinco años. Algunas veces, Louis deseaba haber podido conocer a su abuelo. Sentía una creciente conexión entre ellos, casi como un don.

La Belle Isle, 1939

¿Llegarían a Recife según lo prometido? ¿En siete días? No. *La Belle Isle* todavía estaba cruzando el Atlántico, hacia el norte. Y no había comida.

Entre los pasajeros hambrientos se esparcía y se ampliaba el rumor sobre el hermoso y exclusivo restaurante para los pasajeros de primera clase. Lejzor no era el único que había sido sacado de allí. Durante las comidas, un marinero tenía que hacer guardia en la escalera.

El resentimiento aumentaba. Los pasajeros portugueses, especialmente João y sus cinco amigos, habían perdido la paciencia. La banda de los seis y otros cuatro pasajeros, se acercaron al guardia. Lejzor los siguió pero permaneció fuera de la vista.

El muchacho de doce años observaba a los adultos. João reclamó más comida. El guardia se negó a dejar entrar a los revoltosos. Primero vino un empujón, luego otro, luego un puño cruzó la cara del guardia.

Lejzor no vio quién lanzó el puño. ¿Fue João? Al tratar de devolver el golpe, el marinero fue rápidamente superado en número.

—¡Deténganse! —gritó Lejzor en yiddish. Todo el grupo se volteó y lo fulminó con la mirada. Debía hablar en polaco pero lo había olvidado—. Por favor, ¡no lo lastimen! —dijo Lejzor en polaco, ninguno de ellos le entendió.

—Métete en tus asuntos —masculló uno de los portugueses. Probablemente, eso fue lo que dijo, pero Lejzor no entendió. Estaba mirando a João quien le habló a su amigo. Tal vez, João como el aparente líder de este grupo sin reglas, se dio cuenta de que habían ido demasiado lejos.

Pero nadie le hacía caso. Cuatro de sus amigos, seguían gritando fuertemente, pidiendo más comida. La turba trató de asaltar la pequeña cocina del restaurante.

Algunos miembros de la tripulación se apuraron a ayudar al guardia. Los enojados pasajeros portugueses gritaban en su idioma, mientras la tripulación, en su mayoría francesa, gritaba a su vez en el suyo. Lejzor se preguntaba, ¿cómo iban a poder entenderse unos con otros?

La discusión continuaba. Entonces, de repente, se detuvo: primero la tripulación, luego los pasajeros. El capitán acababa de aparecer. Lucía como un capitán: gorra blanca, chaqueta negra, pantalón blanco, pelo gris, barba gris. Pidió atención. Lejzor respiró con alivio.

Parecía que el capitán entendía el problema. Entró al restaurante y cerró las puertas tras él, aparentemente para hablar con los pasajeros de primera clase. Afuera, la turba y la tripulación permanecían en silencio y esperando, no había indicios de motín alguno.

Pasaron unos minutos; el capitán reapareció. Miró a la multitud y luego hizo el siguiente anuncio: parte de la comida de primera clase iba a ser compartida con los pasajeros de la clase económica. No era mucho, principalmente arenque extra y panecillos. Pero la tripulación debería repartirla equitativamente entre todos.

Luego el capitán habló en francés, con voz resonante. Por su parte, había un tripulante que traducía al portugués. Kazimierz, en cambio, tradujo las palabras del capitán al polaco. El comandante del barco explicó que no habían podido conseguir comida en Marruecos ni en Lisboa después de que *La Belle Isle* los había dejado en Dakar durante siete días. La guerra había cortado un lote de embarques de Europa y de África, y los gobiernos locales se habían puesto difíciles. El barco casi había acabado su suministro de comida cuando llegaron a Dakar; la tripulación había traído a bordo todo lo que habían podido.

Por intermedio de los traductores, el capitán apuntó:

—Todos deberían considerar la suerte que tienen. Parece que Alemania no se detendrá al conquistar Polonia.

Lejzor se desanimó: era verdad, Polonia se había rendido.

El capitán agregó:

—No se sorprendan si Alemania ataca a Bélgica, Francia y Gran Bretaña. Estamos comenzando otra guerra mundial.

Hubo silencio. El capitán se fue. "Parecía un hombre justo y razonable", pensó Lejzor, a pesar de la desagradable charla. Estaba bajo mucha presión, haciendo lo mejor posible para llevar un barco con pasajeros indefensos a través del Atlántico cuando hacerlo no era seguro. Entre otras cosas, había mencionado que los submarinos alemanes habían hundido más de 25 barcos de carga y de pasajeros en los últimos cuatro meses.

Bajo las estrictas órdenes del capitán, los dos pasajeros portugueses que habían golpeado al guardia del restaurante, iban a permanecer el resto del día dentro de sus camarotes. Si ellos o cualquier otro causaban más problemas, el comandante del barco tendría que encerrarlos hasta llegar a Recife, para ser arrestados.

La madre de Lejzor dijo que el capitán había sido blando con los dos hombres. Golpear a un miembro de la tripulación dentro del barco, era una ofensa grave. Pero él entendió que los pasajeros se sentían frustrados.

João no fue uno de los que golpearon al guardia. Pero Lejzor notó que este gallito ahora se veía tranquilo en la cubierta, hasta humilde.

Recife y Río de Janeiro, 1939

La Belle Isle arribó a Recife trece días después de dejar África, una de las ciudades más grandes del noreste de Brasil. Los Rozencwajgs tenían que esperar todavía otros dos días antes de seguir a Río de Janeiro. Otra prueba para su paciencia. La familia se reunió en cubierta para ver con envidia a algunos pasajeros que por fin podían abandonar el barco. Uno de ellos era el polaco que había estado en la cabina cerca de ellos. El antiguo soldado del ejército polaco se puso de rodillas y, apoyándose en las manos, besó la tierra. Todos a bordo rieron. Muy probablemente, ellos harían lo mismo.

El barco tenía menos pasajeros, pero también menos comida. El arenque de primera clase se había acabado. Kazimierz había conseguido, de alguna manera, un puñado de productos frescos, incluyendo *caqui*, una fruta, con forma de tomate y de color rojo-naranja. Trajo cuatro extras para la familia. Ninguno de ellos había

visto un *caqui*, ni lo había probado antes. Pero todos disfrutaron el sabor dulce y jugoso.

———

A la mañana siguiente, temprano, el barco dejó por fin Recife. Río de Janeiro estaba a aproximadamente doce horas. Lejzor permanecía en cubierta, contando cada minuto. Su estómago gruñía, había dormido muy poco y se sentía mareado. Solo pensaba en dejar el barco y ver a su padre de nuevo. Habían pasado cuatro largos años.

Después de mordisquear más galletas en el desayuno, la familia bajó al camarote a empacar. Esto los mantuvo ocupados, pero cada minuto parecía una eternidad. Cada uno cambió su ropa. Ester tenía un par de zapatos, ahora arruinados por el agua.

Cada miembro de la familia tomó una ducha, rápidamente, porque el suministro de agua caliente era escaso. Pero al menos la tenían, no como su primera experiencia en Lisboa.

—Hace seis semanas que dejamos Piaski —dijo Lejzor cuando se dio cuenta de que era el 1º de octubre. Su madre asintió; había sido un viaje muy largo. Parecía que Ester ya lo sabía. Pero los ojos de Frajda se habían agrandado con la idea.

La familia fue a la cubierta a esperar. Mordisquearon su última comida: por supuesto, galletas. Lejzor juró que no tocaría una galleta por lo menos durante una década.

Finalmente, lo vieron: su futuro hogar. Río de Janeiro se presentaba ante ellos en la oscuridad. Las luces de la ciudad se esparcían por todas partes: cerca del agua, en las empinadas colinas en la distancia. Todo el lugar brillaba y era enorme.

A lo lejos, sobre la ciudad en una montaña alta había una estatua gigante de Jesucristo, iluminada contra la total oscuridad del cielo. Parecía darles la bienvenida a los recién llegados.

—Este es un país muy católico —susurró Tania nerviosamente antes de suspirar profundamente—. Espero que seamos bienvenidos.

Lejzor pensó que había visto la silueta de la famosa montaña Pan de Azúcar a través del cielo del atardecer. Sabía que era *Pão de Açúcar* en portugués, la única expresión que sabía de este idioma desconocido. Necesitaría aprender.

La brisa primaveral se sentía muy caliente; en octubre Polonia podía estar fría porque era otoño. Los Rozencwajgs encontraron esto extraño, mientras vigilaban en la cubierta su equipaje.

Ninguno de los pasajeros podía esperar a salir del barco. Todavía tenían que esperar.

—¿Dónde está papá? —preguntó Lejzor.

—Podremos verlo cuando hayamos pasado la aduana —dijo su madre.

De nuevo, Lejzor estaba impaciente. Nunca había esperado tanto en su vida. Mientras fondeaba el barco, le parecía una eternidad. ¿Cuándo los liberaría el capitán?

Majdanek, 2004

Pensé que iría solo —dijo el padre de Louis.

—Está bien —dijo su madre—. Yo también quiero verlo.

Esto fue todo lo que Louis oyó de una tranquila discusión entre sus padres. Estaban dentro de la pequeña habitación de hotel en Lublín.

Los susurros continuaban. Pretendiendo no oír, Louis veía caricaturas en polaco. Cualquiera que fuera la discusión, parecía que mamá se estaba saliendo con la suya.

El guía y el chofer estaban esperando abajo, después del desayuno.

—¿Todos ustedes van a Majdanek? —dijo el guía que parecía un estudiante universitario.

—Si —dijo su padre, que parecía un poco preocupado—. Todos vamos.

Louis se preguntaba cuál sería la gran cosa.

—Es un campamento —explicó su padre—. Lo construyeron poco después de que tu abuelo se fue.

—Oh, un campamento —dijo Louis—. Suena divertido.

—Un campamento de la Segunda Guerra Mundial, que tuvo prisioneros —dijo su padre—. No es un lugar agradable.

—¿Entonces por qué vamos allá?

—Es historia. Historia importante —su voz era sombría.

—En efecto —dijo su madre—. La tía Ester decía que acostumbraban ir de vacaciones a Majdanek. Hacían días de campo o algo así.

El padre de Louis miraba a su madre con incredulidad.

—Es verdad —dijo ella—. Antes de la guerra. Antes había un campamento.

Las puertas frontales de Majdanek se abrieron a una calle pavimentada y rota. Algunas barracas rectangulares, hechas de madera golpeada por el tiempo, estaban esparcidas por doquier.

Todas se veían iguales: cafés, enormes, con techos en forma de A. Cada barraca estaba separada por algunos metros de pasto recién cortado, que era una mezcla descolorida de café y verde.

Caminaron alrededor del campo cubierto de pasto que se extendía más allá de donde alcanzaba la vista, durante una hora o más. "Aun con los visitantes, el campo se sentía silencioso, y aburrido", pensaba Louis.

Vio un grupo de niños grandes, todos vestidos con uniformes de camisas blancas y pantalones negros. Uno de ellos llevaba una gran bandera de Israel. Louis la reconoció. Uno de los niños de su clase había hecho una bandera israelí de papel.

Al final de una calle muy larga, pasaron una caseta de vigilancia y Louis vio una estructura de cemento gigante, con la forma de un tazón invertido, soportado por cuatro pilares. Se veía simpático, como un platillo volador. Esto despertó su curiosidad.

—No, yo voy allá solo —insistió su padre. Y se fue solo.

Enojado, Louis vio a su papá caminar a lo largo de la calle, tal vez para ser abducido por extraterrestres. Cerca del platillo volador había un edificio de ladrillo con una torre alta —tal vez una chimenea. Estaba muy lejos para poder decirlo.

—¿Por qué estamos aquí? —le preguntó Louis a su madre mientras esperaban en el carro estacionado.

—Los nazis obligaron a muchos judíos a permanecer aquí —respondió ella.

Por lo general, su madre contestaba las preguntas directamente. Su padre no. A veces él contestaba como si supiera mucho más de lo que estaba diciendo.

—¿Por qué? —preguntó Louis.

—Los nazis odiaban a los judíos.

Louis miró el gigantesco y silencioso campo. El día estaba soleado y quieto, no había viento por ninguna parte. Era el clima perfecto para visitar un sitio a campo abierto.

Entonces vino a él una sección que recordaba del libro de oraciones *Hagadá*, durante la Pascua hacía tres semanas. El libro hablaba sobre el muchacho judío que había muerto en un campo durante la Segunda Guerra Mundial, un lugar muy parecido a este museo. El muchacho había escrito un comentario: creía que la mayoría de la gente era buena.

—¿Murió mucha gente aquí?

La madre de Louis lo miró, insegura de contestarle.

—Sí —dijo finalmente.

—¿Alguno de la familia del abuelo murió aquí? —preguntó.

—Creemos que no —contestó ella—. Había otro campo como este, llamado *Belzec*. Está cerca de la frontera con Rusia. Probablemente algunos de ellos murieron allá. No sabemos con seguridad.

Louis guardó silencio. Pensaba en las imágenes que acababa de ver. Había dibujos y letreros en dos de las barracas. En una vitrina había una estrella de David hecha con tela. Al lado había cinco dígitos hechos con pedazos rectangulares de tela.

Una de las paredes de la barraca tenía dibujos en blanco y negro de hombres y mujeres que cuidaban del campo. No se veían muy amables. Una foto mostraba a un hombre de cara aterradora, con cabello oscuro y peinado hacia atrás, exponiendo su amplia frente. Su mirada carecía de vida, su ojo izquierdo recordaba el de un pescado frito en una cacerola; su ojo derecho era más claro, ahuecado, mirando levemente hacia arriba, como si no fuera real.

Louis inspeccionó Majdanek otra vez. Su padre venía de regreso del platillo volador, como un pistolero solitario en una calle desierta en el salvaje Oeste americano.

Louis había entendido. Su abuelo era afortunado. Muy afortunado. Y también él.

Río de Janeiro, 1939

Al fin se abrió el puente corredizo. Pasajeros ansiosos y descaradamente rudos repartían codazos a su paso, camino de la única salida estrecha, un último castigo antes de que Lejzor y su familia pudieran pisar por fin suelo brasileño por primera vez.

Por fin, los Rozencwajgs tuvieron su oportunidad. Lejzor pisoteó un par de veces el muelle de concreto para asegurarse de que realmente era sólido. Las seis semanas de largo viaje estaban a punto de terminar. El zapato de Ester casi se pierde mientras caminaban con dificultad hacia la aduana. Frajda bostezaba, porque sin duda el aire caliente la ponía somnolienta.

Al hacer la fila, la familia debía esperar mucho. Entonces, se presentó un extraño sentimiento: después de casi seis semanas en el mar, salvo por los breves momentos en que caminaron por algún muelle para abordar otro barco, se habían acostumbrado al balanceo del barco de lado a lado.

Unas veces era fuerte, otras suave. Con frecuencia, no lo notaban. Ahora que estaban en tierra, esperando por la aduana, la sensación de quietud los mareó mucho. Otra vez Lejzor tenía dolor de cabeza. Frajda seguía con sueño, y permanecía recostada contra Ester o contra su madre.

Pasar la aduana les tomó otra hora; una nueva prueba para su paciencia. Al fin, los cuatro quedaron libres. Caminaron a través de la salida, sintiéndose todavía mareados. Una enorme cantidad de extranjeros, algunos de piel blanca, otros de piel oscura, muchos de ellos de apariencias diferentes, estaban esperando a los recién llegados.

Pero ¿dónde estaba Saúl? Lejzor miraba a su madre inspeccionar la multitud. No estaba allí y eso la puso nerviosa.

—¿Taxi? —dijo un hombre. Se lanzó sobre la familia. Tania se congeló, incapaz de comprender.

—¿Taxi? —repitió el hombre e invitó a la familia a seguirlo. Tania no se movía, entonces agitó su cabeza.

—¡No! —el hombre agarró el brazo de Lejzor, tratando de insistir en que la familia fuera con él. Tania agarró el otro brazo del niño y por un momento hubo un tira y afloja. Entonces Lejzor pateó al hombre en la espinilla y se soltó. El hombre les gritó; sin duda dijo algo que no debían repetir aunque no lo hubieran entendido. Pero el intruso los dejó ir. Tania agarró a Lejzor y la familia se retiró a un rincón.

—¿Y si él no está aquí? —dijo con angustia su madre—. ¿Habrá algún error? ¿Algún vehículo habría aplastado su otro pie? ¿Estará en algún hospital, incapaz de comunicarse? ¿Dónde podemos ir? ¿Hicimos todo esto para nada?

La madre de Lejzor se disgustó mucho. Ella fue sumamente paciente durante el viaje; ahora había explotado con emoción, luego lloró.

—¡Tania, por aquí! —gritó una voz en polaco.

Todos se giraron, hasta Frajda que apenas recordaba a su padre y se veía medio dormida. Repentinamente, despertó.

Ahí estaba, caminando hacia ellos, sin ninguna cojera al andar. Saúl estaba más delgado de lo que recordaban su esposa y sus hijos, ¡y su cara estaba bronceada! Pero traía una enorme sonrisa de bienvenida. Ester y Lejzor corrieron adelante, lanzándose en brazos de su padre. Él los alzó a ambos mientras Frajda trataba de abrirse paso para recibir un largo abrazo.

Tania esperó pacientemente, feliz de ver a sus hijos reunirse con su padre. Por fin, tuvo su oportunidad. Por supuesto, hubo más lágrimas.

—He estado viniendo todos los días desde hace dos semanas —dijo Saúl—. No sabían cuándo iban a llegar.

Lejzor vio el abrazo de sus padres, que duró como diez minutos. Nunca antes los había visto tan afectuosos entre ellos. Al menos ahora, las cosas se veían seguras. Tenían mucho de qué hablar: todo el viaje, lo que había ocurrido durante los últimos cuatro años.

Pero primero que todo, ¡esperaba que comieran! Lejzor estaba hambriento, especialmente ahora que por fin estaban fuera del barco y más cerca de la comida de verdad. No le importaba cómo era Río. Seguramente la ciudad era grandiosa, pero podía esperar. Estaba cansado, famélico y eran las nueve de la noche.

Saúl dejó a la familia mientras iba a buscar el carro. Le habían prestado uno de su tía. Su nuevo hogar, decía él, estaba en Irajá, un suburbio de Río de Janeiro. A Lejzor no le importaba; mientras estuvieran los cinco juntos y seguros, podrían ir a Argentina o a Estados Unidos.

Miraba hacia abajo al pequeño pedazo de tierra brasileña que parecía rica. Una vez en Piaski, el abuelo Bron tomó una astilla y dibujó dónde estaba Polonia en Europa. Luego dibujó América del Sur y en medio de ellos al océano Atlántico, enorme. Por último, el abuelo Bron dibujó un gran país que ocupaba la mayor parte de América del Sur.

—Este es Brasil —dijo el viejo, como si hubiera estado allí. Pero para el abuelo de Lejzor, este país extranjero solo era una forma divertida dibujada en la tierra; pasaron varios días antes de que la siguiente lluvia lo borrara.

Lejzor no tenía idea de dónde habían llegado él y su familia. Este nuevo inmigrante no sabía si sería feliz en Brasil o no. Amaba Polonia. Todavía lo extrañaba. Pero por razones que no podía explicar, sentía que su antiguo hogar desempeñaría un pequeño papel en toda su vida. Se preguntaba si alguna vez volvería.

Gdynia, 2004

Louis se detuvo en el muelle de Gdynia, uno de los últimos puntos en el extremo norte de Polonia. Se tomó su tiempo para admirar el paisaje soleado del puerto y del mar Báltico. El sitio estaba desocupado. Hasta donde alcanzaba a ver, no había un paisaje fantástico: bonito, pero no fantástico. Era el último punto de Polonia que vio el abuelo Lejzor antes de irse, hacía sesenta y cinco años. ¿Era el mismo muelle? Tal vez. Parecía el sitio correcto de salida. Algo se lo decía.

Sus padres también admiraban la vista. Los tres habían tomado la misma ruta del tren de Lublín que habían tomado el abuelo Lejzor y su familia. Durante el recorrido, hablaron del histórico viaje y sobre todas las cosas que, como resultado, le habían ocurrido a la familia. Sus padres también le habían explicado cómo Polonia había sido ocupada por la Unión Soviética, bajo el mando de Joseph Stalin y los que le siguieron, por casi

45 años después de la Segunda Guerra Mundial. Ahora que Polonia era una democracia, podían hacer por primera vez su viaje.

Louis comenzó a considerar: si el bisabuelo Saúl no se hubiera aplastado su pie bajo aquella camioneta hacía casi 70 años, él no estaría allí. Todo, su destino, el destino de muchos otros, provino de un repentino y misterioso momento. Fue apenas un instante, en un pueblo pequeño, que cambió su futuro y el de toda su familia. Apenas podía imaginar cómo muchos no tuvieron esa oportunidad.

—El futuro es muy incierto —le había dicho su madre el día anterior durante el viaje en tren. Louis entendió. De hecho el futuro es, como esas torres de bloques que él adoraba derribar. Si no hubiera sido por el bisabuelo Saúl, y su doloroso sufrimiento, probablemente el abuelo Lejzor hubiera muerto en un campo como el que vieron cerca de Lublín. Su madre no hubiera nacido nunca. Él no habría nacido.

¿Cómo ocurrió el accidente del bisabuelo Saúl? ¿El terreno no estaba nivelado? ¿La camioneta no estaba frenada? ¿Cómo pudo simplemente rodar sobre su pie? Todo el accidente sonaba raro. Su madre se lo había explicado como uno de esos extraños momentos que pasan; como si una fuerza invisible hubiera intervenido. Su madre creía en esas cosas. ¿Él creía? Tal vez. Quizás estaba empezando a creer. Lo que hubiera causado este accidente hacía tantos años, le hacía sentir a Louis que era muy raro que toda su existencia hubiera sido determinada por un momento breve y misterioso.

El día anterior, en el tren, él y sus padres habían hablado sobre cómo algunos eventos que ocurren en la vida determinan nuestro futuro. "Quizá", pensó el muchacho, "ciertos eventos ocurren cuando deben ocurrir, aun si parecen extraños e improbables. Así, tal vez, ¿uno debería preguntarse por ellos?".

—Solo Dios lo sabe con certeza —le dijo su madre en el tren.

Muy bien, de acuerdo. Louis debía darle gracias a Dios. "Por supuesto", es lo que diría mucha gente. Pero él no acostumbraba pensar en esas cosas. Eso también estaba cambiando.

Era tarde. Pronto sería hora de comer, luego tiempo de dejar Polonia. Al día siguiente volarían de regreso a casa, a Nueva Jersey. "La historia todavía es algo aburrida", pensaba Louis. Pero tenía sus momentos, momentos importantes que él apreciaba. Debía admitir que estaba agradecido.